대장경의 요지
쾌활한 인생철학

용담(법륜) 발췌

"도"를 깨닫는 길

깨침 이후 보림수행의 길

인생철학의 근본적 교재

도서
출판 中道

|서 문|

"도는 경쾌하고 쾌활한 이 세상에 가장 보배로운 인생
철학이다.

그 도를 이루려면 우선 이치에 해박하여야 한다. 이
치에 해박하면 그 지고한 도는 저절로 드러나기 때문
이다.

이 책은 대장경 종경록의 요지를 발췌한 것인데 옛부
터 도를 깨달은 도인들이 가장 좋아하는 경전이 대장
경 종경록이었다고 한다. 왜냐하면 팔만대장경의 수
백천 군데에서 그 요지를 인용하여 도를 깨닫고자 무
한히 노력하는 사람들과 도를 깨닫고 난 후 보림수행
에 임하는 사람들을 위하여 옛 선사들이 고구정영하
게 해설한 경전이기 때문이다.

이 경전이 얼마나 수행에 요긴한 훤칠한 좋은 법문인
지 요즈음도 책을 읽을 때면 혼자서도 연신 박수를 쳐
가면서 경을 읽을 정도이다. 이렇게 좋은 법문을 어
찌 대장경을 가진 사람만 보고 어찌 나 혼자만 볼 수
있단 말인가.

대장경 종경록은 총 100권으로 매우 방대하기 때문

에 일반에 쉽게 접할 수 있도록 요지를 뽑아 간단한 책자로 내게 되었다.

환희용약 할만할 좋은 내용들 도를 이루는 데 꼭 필요한 대목들 해박하게 설명한 경구들 환희로운 마음으로 읽다보면 어느새 그 환희의 "도" 안에 이르러 있을 것이다.

우리 진여의 실상은 체험을 통해서 보면 두루 충만한 광명으로 되어 있기에 "나"라는 관념과 생각과 분별이 본래 털끝만큼도 붙어 있지 않으므로 실상은 분별이 초탈하여 공적하지만 순간순간 일체 경계를 도출하고 항상 경계를 도출하지만 경계의 주체인 진여 실상은 항상 공적하여 평화롭고 안락하다. 그러므로 평범한 일상생활 중에 공적한 마음에 자재하면 그것이 도이고 공한 마음에 자재한 것이 관자재이다.

"도"는 "나"라는 마음이 초탈하였기에 항상 경쾌하고 쾌활하며 기쁘고 즐거운 것이다. 이 세상 이 보다 더 보배로운 것이 있겠는가. 이 책의 내용인 대장경을 해박하게 이해하여서 이 세상의 가장 보배로운 "도"라는 보배와 하나가 되기를 간절히 기원합니다.

2020년 5월
용담(법륜) 합장

대장경 종경록

1 모양과 모양 없음이 차별이 없나니 구경에 들어야 모두 모양이 없다.

2 일어남에도 일어남의 성품이 없기 때문에 비록 일어난다하더라도 항상하지는 아니하다.
사라짐에도 사라짐의 성품이 없으므로 비록 사라진다 하더라도 아주 없지는 아니하다.

3 만약 성품이 공한 것을 환히 알면 한마음의 바른 길에 돌아간다.

4 스스로가 자성이 없는 진실한 법에 들어가며 또한 다른 이로 하여금 자성이 없는 진실한 법에 들게 한다.

5 종경의 힘은 그를 나타내면 모든 문이 자취를 없앤다. 이 하나의 법칙으로 천갈래 길을 부순다.

6 육적으로 빛이 숨고 티끌에 섞인지라 힘 없으면 무

상이라 대승의 힘이라야 물리칠 수 있으리라.

7 삼세의 모든 부처님네는 모두가 모든 법의 실상으로써 스승을 삼는다.

8 온갖 광명 중에서 마음 광명이 으뜸이 된다.

9 진여를 증득하지 않으면 모든 행을 능히 알지 못하나니 마치 요술로 된 따위가 있는 것 같으면서 진짜 아님 같네.

10 이 종경을 만난 이는 스스로 경하여야 하나니 마치 큰바다에 빠졌다가 꽃다운 배를 만난 것 같고 허공에서 떨어지다가 신령한 학을 탄 것과 같다.

11 본성이 공함을 통달하면 다시는 하나의 법도 없다.

12 본래 성품에 맡기는 것이며 또한 성품에 맡긴다는 마음 조차 없다.

13 마음이 없는 마음이요 헤아림 없는 헤아림이다.

이름 없는 것이 참 이름이 되고 구함 없는 것이 바로 참된 구함이다.

14 삼라와 만상은 한법의 나타남이다.

15 중생으로서 미혹해 있을 적에는 성이 엉켜 마음을 이루고 깨쳤을 때는 마음이 풀려서 성을 이룬다. 온갖 것은 오직 마음으로 지을 뿐이다.

16 모든 법이 곧 마음의 자성임을 알면 지혜 몸을 성취하고 다른 이로 말미암아 깨치지 아니한다.

17 온갖 모든 법이 바로 마음 자성임을 비로소 알면 대경과 지혜가 막힘 없이 통하고 색과 공이 함께 없어진다.

18 대열반경에 글자라는 모양을 짓지 않고 글귀라는 모양을 짓지 않고 듣는다는 모양을 짓지 않고 부처라는 모양을 짓지 않고 설명한다는 모양을 짓지 않으면 이를 모양 없는 모양이라고 한다.

19 무릇 한 문으로 들면 모두가 그지없는 법계를 뚜 렷이 꺼잡아서 안도 아니요 바깥도 아니며 하나도 아니고 많은 것도 아니다. 그를 펴면 겹겹이요 그 를 거두면 고요하고 고요하다.

20 먼저 들음으로 이해하고 믿어 들며 뒤에는 생각없 음으로써 합치하여 같아진다. 만약 믿음의 문에 들면 문득 조사의 지위에 오른다.

21 이 종경은 조사와 부처의 바른 종이라 유식의 성 품이다.

22 만약 공의 마음이 일어날 때는 온갖 경계가 다 공 하다. 곧 공은 스스로 공하지 않고 마음으로 인하 여 본래 공하며 존재는 스스로 존재하지 아니하고 마음으로 인하여 존재한다. 이미 존재가 아니고 공이 아니라면 식일 뿐이요 마음일 뿐이다. 만일 마음이 없으면 만 가지 법이 어디에 붙으리요. 생각이 일어나는 곳에 따라 홀연한 경계가 나타나 니 만약 생각이 일어나지 아니하면 경계는 끝내 일 어나지 않는다. 이 모두는 바로 중생들이 날마다

쓰는 것으로써 현상 그대로 알 수 있다. 공을 기다려 이루어진 것이 아니거늘 어찌 닦아 얻음을 빌리겠는가. 무릇 마음이 있는 이면 다 같이 증명하여 알 수 있다.

23 큰 근기 지닌 사람으로서 식일 뿐인줄 아는 이는 항상 제 마음의 뜻과 말이 경계가 되는 줄 살피는 것과 같다.
처음 관할 때에 아직 성인이 되지 못하였다손 치더라도 뜻과 말임을 분명히 알면 이는 보살이다.

24 삼계가 오직 마음이요 만법이 식일 뿐이다. 온갖 법은 본래 마음뿐이요 실은 분별이 없건마는 깨치지 못하였기 때문에 분별된 마음으로 보는 것을 일으키고 경계가 있는 것이나 심성은 본래 청정하여 곧 진여에서 큰 지혜광명이라는 이치를 세운다.

25 시방에 두루한 모두는 이는 미묘하게 밝은 참마음이다. 마음이라는 것은 텅비어서 미묘하고 청수하며 환히 빛나서 신령하고 밝다. 삼계를 그윽히 꿰뚫었고 시방에 환히 사무쳤다. 성품과 모양을 여

의었고 열반의 언덕에 걸터앉아 창공에 외로이 밝아 만법이 의지하고 비롯하도다.

26 온갖 법은 거짓이라 인연이 모이면 나고 나는 법은 본래 없어서 모두가 식일 뿐이며 식은 눈홀림과 꿈과 같아서 이는 한마음일 뿐이다. 마음이 고요하면서 아는 것을 원각이라 한다. 충만하고 청정하여 그 안에서는 딴 것을 용납하지 않는다. 때문에 덕의 작용이 그지 없어서 모두가 동일한 성품이니 성이 일어나 상이 되어서 경계와 지혜가 뚜렷하고 상이 만족하고 성이 원융하여 몸과 마음이 훵하도다.

27 마음이 공이기 때문에 마음으로부터 나는 바도 모두가 다 공하고 이 공 또한 공이며 공이 공이 아니고 가 또한 가가 아니라면 가도 없고 공도 없으므로 마침내 청정하다.

28 공은 각성에서 나나니 마치 바다에서 하나의 거품이 난 것과 같다.

29 바탕은 비고 모양은 고요하며 상대가 끊어지고 신령

하게 통하여 법계에 나타났으되 남이 없고 삼세에 뛰어났으되 자취가 끊어졌기 때문에 그를 무주라 한다. 과거 현재 미래와 시방에 뻗쳤으되 지경과 분량이 없고 가변과 걸이 없기 때문에 법계라 한다.

30 법신의 자체는 치우치지 않은 시방에 충만한 진리의 마음이다.

31 온갖 법은 공하여 있는 바가 없으며 남이 없고 일어남이 없고 앎이 없고 봄이 없다.

32 제법무행경에 탐진치의 끝을 보면 이것이 진제이니 곧 업장의 죄를 다 없앨 수 있다.
만일 탐욕에서 바른 생각 나아가 탐욕은 제 성품이 없음을 분명히 알면 탐욕에서 해탈하게 되며 탐욕의 문이 그러한지라. 내지는 팔만사천의 번뇌의 문이 또한 그렇다.

33 범부 중생들은 모든 법이 마침내 소멸되는 것을 모르기 때문에 스스로 그의 몸을 보고 다른 사람을 본다. 이 보는 것 때문에 몸과 입과 뜻의 업을

일으킨다. 만일 온갖 법이 공하여 봄이 없으면 스스로 고요히 사라지리라.

34 한 생각이 맑고 고요해지면 만 가지 경계가 휑하니 되어서 원래 불이의 문과 같아지고 모두 다 무생에 들어간다.

35 그대는 알지 못했는가. 모든 법은 거짓이라 헛되이 시설했네. 고요하여 문 없음이 법계의 문이며 온갖 법은 마음이 주인이나 마음 근원 궁구해도 얻은 바 없으니 모든 법 다같이 근원 없음 알지로다.

36 모든 온갖 법은 모두가 무생의 성품을 쫓되 공이면서 존재임을 알 것이다. 존재이면서 존재가 아님은 속을 여의지 않으면서 언제나 진제요 존재가 아니면서 존재임은 진을 여의지 않으면서 항상 속이다. 이야말로 남이 없으면서 나지 아니함이 없는 것이니 두 가지 치우침에 머무르지 아니한다.

37 심성은 남도 없고 없어짐도 없음을 생각하여 보고 듣고 깨닫고 아는 것에 머무르지도 않으며 영원히

온갖 분별하는 생각을 여읜다.

38 진여의 문이니 물들지 아니하고 깨끗하지도 아니하며 나거나 없어지지도 아니하며 움직이지도 아니하고 옮기지도 아니해서 평등하여 한 맛이요 성품에 차별이 없고 중생 그대로가 열반이라 적멸을 기다리지 아니하며 범부와 미륵이 동일한 곳이다.

39 앞의 대경 그대로가 마음일 뿐이요 일체 중생 그대로가 열반의 모양이다.

40 식일 뿐이요 경계가 없거늘 마치 눈병이 있어서 털, 달, 따위를 보는 것 같다.

41 법계에는 법계가 없고 법계는 법계를 모른다.

42 정명경에 공은 62견 가운데서 구해야 한다. 62견은 부처님의 해탈 안에서 구하고 부처님의 해탈은 일체 중생의 심행 안에서 구해야 한다.

43 삼계는 허망하여 망심으로 변화되었을 뿐이다. 고

로 알라. 삼계 안에는 하나의 법도 자기 마음으로
부터 나지 않은 것이 없다.

44 번뇌의 소굴을 막고 생사의 뿌리를 끊으려면 안에
서 한 생각을 관하여 냄이 없을 뿐이다. 허공꽃인
삼계가 마치 바람에 연기 날리듯 하고 휑하고 끝
이 없어서 하나의 진심일 뿐이리라.

45 온갖 모든 법은 모두가 망상으로부터 생기고 망심
에 의지하여 근본이 된 줄을 알아야 한다.

46 온갖 경계는 본래부터 체성이 스스로 소멸되어서
일찍이 있는 일이 없기 때문이다.

47 모든 법은 마음으로부터 일어나는 바라 마음과 더
불어 모양을 지어 어울리면서 존재하며 함께 나고
함께 없어지면서 똑같이 머무름이 없다. 온갖 경계
는 마음의 소연을 따라 생각 생각마다 서로 이어지
기 때문에 머물러 지닐 수 있고 잠시 동안 존재하
게 된다.
모두가 망녕된 생각으로 인하여 쌓이고 쪼여 이룩

된 것이니 마치 거울 위의 먼지가 빛과 그림자를
막는 것 같고 공중의 안개가 맑은 하늘을 잠시 동
안 흐리게 함과 같다.

48 진여 실상은 형상이 없으면서 휑하게 사무친 허공과
같거늘 그 누가 이것이니 저것이니 분별하겠는가.
진여 실상·법계는 자타가 초탈된 경지라 역시 얻
고 잃는 것이 초탈돼 있다.

49 한 법이라도 나타남이 있으면 이것은 모두가 제
마음에서 분별한 것일 뿐이다. 설령 장차 한 생각
이 겨우 일어난다하여도 모두가 눈흘림의 경계로
인하여 끌어낸 것이다.

50 경계는 마음으로 인하여 일어났다가 도로 마음을
따라 없어진다. 마음에 반연한 생각이 있으면 오
만 경계가 무성하게 일고 생각하고 지님이 없으면
가는 티끌만큼도 나타나지 아니한다.

51 능가경에 제 마음에서 나타나는 바 분제를 깨닫지
못하고 내식이 바꾸어져서 바깥으로 나타나 빛깔

이 되는 줄을 깨닫지 못한다.

이것은 제 마음에서 나타난 것뿐이거늘 이와 같은
분제를 통달하지 못하므로 나쁜 소견이 된다.

마음에서 나타나 일어나는 차별된 소견을 모르기
때문에 분제라 한다.

52 망을 깨치면 그대로 진이라고 하나 진 조차 세우
지 않거늘 하물며 망이겠는가.

53 진망을 알면 이내 공이요 공인 줄 알면 망은 이내
그친다. 진망이 다같이 고요하고 이사가 모두 여
여하다.

54 미오의 성품은 모두가 공이라. 성품이 공이므로
종지가 없다. 생사란 이 탓으로 헷갈린 것이므로
이를 통달하면 생사에서 벗어나리라.

55 오직 온갖 것을 세우지 말고 자취를 털며 공으로
돌아가라. 만약 공 가운데서 쌍을 막고 쌍으로 비
추며 진제와 속제 안에서 즉하지도 않고 여의지도
않으면 비로소 법을 넓히고 사람들을 위하여 깨달

음의 지위를 계승하여 흥하게 하리라.

56 진여 실상을 비유하면 전체가 물결이로되 물이요 전체가 물이로되 물결인 것과 같다.

57 망념은 남이 없는 줄 분명히 알뿐이니 바로 이것이 진심으로써 움직이지 아니한다. 이 움직이지 않는 것 이 외에 다시는 가는 터럭 만큼의 법도 얻을 수 있는 것이 없다.

58 극미의 아주 작은 것도 얻을 만한 것을 보지 못하나니 그러므로 이름이 반야바라밀다이니라.

59 생각은 본래 저절로 공이라 망은 있을 수 없기 때문이니 있음의 집착하는 이를 위하여 공을 관하게 할뿐이다.

60 만약 마음을 관하여 마음에 일어남이 없음을 알면 이내 수순함을 얻어 진여의 문에 들어가리라. 온갖 것 모두가 허망한 마음의 생각에서 생긴다. 마음이 있으면 곧 있고 마음이 없으면 곧 없다.

있고 없음이 마음을 쫓으므로 더욱 스스로 깨달아야 하고 스스로 깨닫지 못하고서 마음의 속임을 당하지 말라.

이미 마음이 속인 줄 알면 다시는 마음에 머물러 두지 말고 좋거나 나쁘거나 옳거나 그르거나 간에 일시에 온통 놓아버리면 마음은 머무르는 곳이 없어질 것이다.

이미 마음이 없어지면 역시 마음이 없다는 것조차 없어져서 있다 없다 하는 것이 온통 없게 되고 몸과 마음이 한꺼번에 다할 것이며 모든 경계가 사라지고 모양이 없어지면 본래 하나인 그윽한데 계합되고 깊고 고요히 비추면 비추는 데마다 고요하지 아니함이 없고 고요함으로써 체를 삼으면 체마다 텅 비지 아니함이 없고 비고 고요함이 그지 없으면 똑같이 법계에 통하고 법계와 연기가 자연 하지 아니함이 없어서 와도 온데가 없고 가도 이르는 데가 없다.

또 법은 일정한 모양이 없고 진과 망은 마음으로 말미암으며 일어나고 다함은 근원이 같아서 달리 다른 뜻이 없다.

61 허망을 갖춘 진실이므로 진실은 진실이 아니면서 맑고 고요하며 진실에 통한 허망이므로 허망은 허망이 아니면서 구름처럼 일어난다. 그렇다면 존재하지도 않고 소멸하지도 않은 심상을 뚜렷하게 알 수 있으며 하나 하나가 융통하고 겹겹이 서로 통하여 마음이 없고 걸림이 없으며 체성과 작용이 서로 거두어 종경 안에 들어감이 스스로 본래부터 그러한 것이리라.

62 생멸이 곧 진여이기 때문에 중생도 없고 본래 열반이어서 항상 고요히 사라진 모양이다.
또 진여가 곧 생멸이기 때문에 법신이 다섯 갈래에 헤매이면 이름이 중생이다.

63 모든 법은 마음만으로 짓는 바라 마음을 여의면 경계가 없다. 마음의 모양은 공하여 마치 헛개비와 같은 줄 관하면 마음은 없다.

64 모든 법은 머무름도 없고 있는 곳도 없느니라.

65 이 마음은 쫓아온 곳이 없고 사라져도 간 데가 없

으며 안팎 인연을 좇아 화합하여 났을 뿐이다.

이 마음은 안에도 있지 않고 바깥에도 있지 않고 중간에도 있지 아니하다. 또한 성품이 없고 모양이 없으며 나는 것이 없고 바깥은 육진의 인연이 있고 안에는 뒤바뀐 마음의 생각으로 나고 없어지는 것이 계속되므로 억지로 이름 붙여 마음이라 한다. 마음은 스스로는 알지 못한다. 왜냐하면 이 마음은 마음 모양이 공하기 때문이다.

이 마음은 청정하기 때문에 객진번뇌에 물이 들지 않는다.

66 안의 마음이 있을 뿐이요 빛깔 냄새 등 바깥 모든 경계가 없다.

67 생각과 분별이 마침내 남이 없는 줄 관하면 삼제를 좇아 구하여도 보이지 아니하고 시방을 향하여 찾고 찾아도 자취가 없다. 이미 일으키는 마음이 없다면 또한 사라질 바 자취도 없다.

일으킴과 사라짐이 함께 떠나면 떠날 바도 공하여 마음과 경계가 환히 트이는 것을 견도라고 한다.

진과 망이 저절로 녹고 능과 소가 끊어져 성불 하리라.

68 한 생각 동안에도 능소가 없고 능소가 다한 곳을 정각이라 한다. 또한 소승의 능소가 소멸한 것과는 같지 않나니 능소가 본래 움직임이 없음을 알기 때문이다. 법성에 맡겼기 때문이며 움직임과 고요함이 모두가 평등하여 본래 지혜는 움직임과 고요함이 아니기 때문이다. 망녕되이 깨닫지 못하고서 움직임을 버리고 고요함을 구하며 큰 고생을 한다.

69 삼계는 허망하여 한마음으로 지을 뿐이다.

70 있음이 아니고 공이 아닌 것이 만물의 근원이요 공이 아니고 있음이 아닌 것이 만물의 어머니다. 나서도 방향이 없고 들어서도 방향이 없다.

71 전체가 공임을 알면 아는 곳이 모두 종이다.

72 여래가 얻은 법이란 법이로되 법이 아니며 또한 법 아님도 아니다. 지혜로도 행할 수 없고 눈으로도 볼 수 없으며 행할 곳이 없어서 슬기로 통달하지 못할 바요 총명으로도 알 수 없는 바며 물어도 대답이 없다.

73 공한 것 같지만 공하지 아니하고 있는 것 같지만 있지 아니하며 은은하게 늘 보이지만 그 처소를 구하면 얻을 수 없을 뿐이다. 공이라 하면 단견이고 있다 하면 상정에 떨어지며 처소를 논하면 경계를 이룬다.

74 진여문은 하나로 포섭하므로 더러움과 깨끗함이 다르지 않고 염정이 곧 염정이 아니다.

75 청정한 허공의 도리가 제 성품을 지키지 아니하기 때문에 훈습을 잘 받아 항상 경계와 함께 하니 염정의 허공이라 한다.

76 진은 제 모양이 없고 진으로부터 망을 일으키므로 망의 자체는 본래가 비었으며 망이 이미 비어 공으로 돌아갔거니 진 또한 건립되지 아니한다.

77 참된 반야란 청정하기 마치 허공과 같아서 앎이 없고 소견도 없고 지음도 없고 연도 없다.

78 온갖 법이 곧 마음의 성품임을 알면 지혜 몸을 성

취하되 다른 이의 깨침을 연유하지 않는다.

79 단박 깨치고 부처의 지견이 열리기를 바란다면 제
성품이 온갖 처소에 두루하다 함을 환히 알 뿐이다.

80 화엄경에 법성은 본래 공하고 고요하여 취하는 것
도 없고 보는 것도 없다. 성품의 공이 바로 부처
라 헤아림으로써는 얻을 수 없다.

81 눈 코 혀 몸과 마음과 뜻이며 여러 가지 감관이 모
두가 공하여 성품이 없거늘 망심으로 있다고 분별
한다. 이치대로 자세히 살피면 온갖 것 모두가 성
품이 없으며 법눈은 생각하거나 말로 할 수 없어
서 이것으로 보는 것만이 뒤바뀜이 아니다.

82 마음 그대로가 성품이기 때문에 이것은 제 성품이
청정한 마음이다. 망심의 성품은 성품없는 성품이
라 공여래장이다.

83 마음과 마음이 항상 도에 합치되고 생각과 생각마
다 종을 어기지 아니하며 가고 머무름에 같은 때

요 예와 이제는 하나로 통하리라.

법은 오고 감이 없나니 언제나 머무르지 않기 때문이다. 만약 머무를 바 없는 참된 마음과 변하고 달라지지 않는 묘한 성품을 깨달아 알면 마침내 옮아가지 않음이 밝아진다.

84 모든 법에 성품 없음이 성품이 됨을 증득하여 마침내 원만하여야 비로소 부처라 한다.

85 여래는 고요히 사라짐의 모양이라 있다고 분별함도 또한 아니다.

86 근본에 성품이 없음을 스스로 깨달을 수 있으면 뭇 연은 성품이 없으며 만 가지 법은 저절로 고요하다.

87 열반경에 세간의 무상함이 곧 참된 항상함의 진리임을 증득하여 아셨으니 마치 거울을 높은 당에 걸어두면 만 가지 형상은 여기에 비치는 것과 같다.

88 온갖 모든 법은 모두가 자성이 없어서 나는 것도

없고 없어지는 것도 없으며 본래가 고요하여 자성이 열반이다. 온갖 모든 법은 모두가 성품없음으로써 그 자성을 삼는다. 고로 성품이 있다 성품이 없다에 집착하지 않아야 하느니라.

89 보살은 공이면서 항상 있음을 무너트리지 않아 염정의 법이 완연하며 있음이면서 항상 공을 장애하지 않아 일진의 도가 항상 나타난다. 이와 같이 두 가지가 서로 비추어야 비로소 심히 깊은 데 든다.

90 성품이 없으나 연으로 나기 때문에 있고 체는 있는 그대로가 공이며 연으로 나나 성품이 없기 때문에 공이고 공이면서 언제나 있는 것이다.
반드시 서로가 통하여야 비로소 이것이 진공묘유이다. 모양이 공이기 때문에 오만 가지 법의 체는 텅 비어 있다.

91 대저 묘와 세속의 모든 법은 공과 존재에서 벗어나지 아니한다. 공과 존재는 모두가 연으로부터 생기며 연으로부터 생기는 법은 본래 자체가 없어 마음에 의하여 나타나는 바라 모두가 다 성품이

없으며 성품이 없기 때문에 연으로 생긴다. 연으로 쫓아 곡두인 존재가 이루어지므로 성품이 없고 성품이 없기 때문에 공하다.

92 머무름 없음은 실상의 다른 이름이요 실상은 바로 공한 성품의 다른 이름이니 그러므로 성품이 없음으로부터 온갖 법이 있었다.

93 대품경에 모든 법은 아무 것도 없는데 이렇게 있기 때문에 있는 것이 아니로되 있지 않음도 아니므로 그를 이름하여 중도라 한다.

94 성품이 없는 법 또한 없는 것이니 온갖 법이 공이기 때문이다.

95 공과 존재가 걸림이 없어서 곧 이것은 공도 아니고 존재도 아닌 걸림없는 것이어서 하나를 들매 모두 거둔다. 속을 융합하여 진과 같이 한다면 하나의 진공일 뿐이다. 공과 유가 둘이 없으면 쌍조의 중도가 된다.

96 경계와 비춤이 같은 때요 있고 없어짐이 걸림없기
　　때문에 상을 여의고 성을 여의며 막음이 없고 걸
　　림이 없어서 분별이 없는 법문이다.

97 공의 존재가 걸림없고 진과 속이 융통하면 성품없
　　는 종과 연으로 생기는 도리가 마치 똑같이 신비
　　한 변화와 같고 결정된 방우가 없으리라.
　　비록 좁은데 있다 하더라도 언제나 넓어지고 비록
　　깊은 데 산다할지라도 한층 더 얕아지며 혹 아래
　　있는데도 항상 위요 멋대로 중간에 노니는데도 이
　　내 변두리며 중생은 언제나 부처 몸에서 살고 열
　　반은 생사에 의지할 뿐이다. 가히 생각하기 어려
　　운 미묘한 뜻이요 망정으로써는 알바가 아니다.

98 현상을 여의고 공의 본체를 구한다면 곧 단멸을
　　이루는 것이라. 이제 현상에 즉하여 나 없음과 성
　　품 없는 진공의 본체를 밝히는 것이니 현상을 여
　　의면 무슨 본체가 있겠는가.

99 진여 자성을 지키지 않고 연을 따라 모든 현상의
　　법을 이룬다면 온 공이 온전히 물질이요 온 본체

가 온전이다. 또 진여가 바로 연을 따를 때에 자성을 잃지 아니하면 온 물질이 온전히 공이요 온 현상이 온전히 본체다.

100 이름없음이 이름의 아버지요 형색의 어머니이니 만물의 근원이 되고 천지의 태초가 된다.

101 온갖 모든 법은 인연이 모여서 생기기 때문에 인연이 모여서 생겼다면 아직 생기지 않은 것은 없는 것이요 아직 생기지 않아서 없는 것은 인연이 여의어 소멸한다.

102 있다 없다 함은 동일한 체성이라 모든 모양 다하면 모두가 여의네. 마음은 허공과 같기 때문에 허공은 의지할 바 없는 것이니 만약 모양 없는 이치를 논한다면 부왕이 계시면서 알 뿐이네.

103 뜻이 부실한 보살의 오류 있으니 공이 물질을 멸망시켜 단멸의 공을 취하며 또한 물질 밖에 공을 취하며 또한 물질 밖에 공을 취하고 또는 공이 있다함을 위함이다.

104 있고 없는 것을 깨트리고 있는 것도 아니고 없는 것도 아님을 드러내어 중도의 부처경계를 드러내는 것이니 머무름이 없는 열반의 결과가 두루하고 원만하다.

105 경에서 마음 지니기를 허공과 같이 하라고 한 것은 다만 이는 마음이 나지 않게 할뿐이기 때문에 허공과 같이 하라고 하셨다.

106 외도는 단공에 집착하고 승은 단공을 증득한다.

107 남이 없는 하나의 문으로 하나가 이루어지면 온갖 것이 이루어지고 보현의 만행에 이르기까지 모두 남이 없음에서 일시에 원만해진다.

108 세간을 벗어나는 원인은 실상에 드는 관이다. 실로 본래 아무것도 없는 이것을 한마음이라 한다.

109 만약 사람이 마음의 행으로 널리 모든 세간을 짓는 줄 알면 성품을 깨달았다. 만약 사람이 과거 현재 미래의 온갖 부처님을 알고자 하면 법계 성

픔을 관하라. 온갖 것이 유심으로 짓는 줄 관하
여야 한다.

110 제 마음을 잘 알지도 못한다. 그러나 마음으로
말미암아 그림을 그린다. 중생이 미혹한 경계를
말미암되 마음만으로 허망한 경계를 나타낸다는
데에 비유했다.

111 지옥은 마음으로 짓는 것이므로 마음으로 짓는다
는 것을 깨달아 알면 부처와 지옥은 저절로 공하
다는 것을 밝혔을 뿐이다. 만약 이 마음을 관하면
언하에 고통을 여의니 진공의 한즈음 법에 들기
때문이다. 비추는 체가 홀로 섰고 성에 부합하면
서 두루하여 만 가지를 미묘히 하기 때문에 마음
대로 비추되 고달픔을 잊음은 마치 밝은 거울에서
형상이 비치는 것 같다. 마음은 허깨비와 같고 이
름만이 있을뿐인데 그것을 마음이라 한다.

112 범부와 성인, 원인과 결과, 만행과 과위, 나아감
과 닦음에 이르기까지 이 마음을 여의면 이루어
지지 못한다.

심성에 계합되면 무슨 덕인들 거두지 않겠는가. 온갖 법은 의지할 바에 따라 머무르되 모두가 한 마음에서 단박 원만해지기 때문이니 이와 같은 일에 어찌 절대의 미묘함이 아니리요.

113 온갖 세간은 모두가 허깨비와 같나니 곧 '사'이면서 '진'이다. 하나의 일도 진리 아님이 없거늘 일의 처하는 곳마다 참의 도 아님이 없다.

114 나의 이 법은 미묘하여 생각하기 어렵다고 함은 바로 생각과 분별이 끊어지고 아상이 초탈돼 있으므로 상대도 소멸하고 절대도 소멸한다. 고로 적멸이다.
온갖 모든 법은 언제나 적멸이어서 마침내 공으로 돌아가나 이 공도 공이어서 다시는 상대와 절대가 없다.

115 이미 무생인을 얻었으니 이것은 나지도 않고 남도 없다. 그대로가 무생 남이 없기 때문에 이것은 절대이다. "나"가 없기 때문에 대상도 없다.

116 마음에서 생각이 쉬지 아니하면 말이 무엇으로 인하여 끊어지겠는가. 마치 미련한 개가 흙덩이를 쫓아감은 한갓 고달플 뿐이요 흙덩이는 끝내 끊어지지 않는 것과 같다. 만약 진리를 미묘하게 깨쳐서 각관의 바람이 쉬면 마음의 물은 맑고 고요하여 말과 생각이 모두 끊어진다. 마치 영리한 사자가 흙덩이는 그만 두고 사람을 쫓을제 흙덩이는 본래 벌써 제거한지라 흙덩이는 곧 끊어져 버린 것과 같다.

117 미묘히 깨쳤을 적에 벌써 밖에는 법이 없고 이론이 끊어졌음을 환히 알면 유의문에서 보되 대상이 끊어짐을 밝힌 것이요. 이 절대 조차도 끊어졌으면 공의 문에서 보아 절대임을 밝힌 것이다. 마치 준마가 채찍 그림자만 보고서도 눈치 채는 것과 같다. 이것을 대상이 끊어진 절대 미묘함이라 한다.

118 참으로 비춤은 비춤이 없고 참으로 앎은 앎이 없다. 법은 보고 듣고 깨닫고 아는 것을 여의었다. 법을 알되 앎이 없나니 앎이 없음이 묘문을 안다.

119 비록 생사에 있다손 치더라도 언제나 열반에 들며 항상 진로에 처하더라도 길이 깨끗한 세계에 산다.

120 여래의 말씀한 바 온갖 모든 법은 모양이 없고 함이 없고 남이 없고 없어짐이 없는 것을 사람들로 하여금 믿고 이해하게 하는 것은 매우 있기 어렵고 심히 있기 드물다.

121 부사의한 지관으로 삼독을 관하면 한 생각의 탐내는 마음은 일어나는 곳이 없다.

122 반야는 크고 깨끗한 밝음이다. 마음 이것은 빛이다.

123 만약 이 마음을 알면 저절로 지관을 통달한다. 일으킴이 없고 걸림이 없는 바로 이것이 관이요 그 성품이 고요히 사라지는 바로 이것이 지이다. 지관이 곧 보리요 보리가 곧 지관이다.

124 제 마음의 한 생각이 이 단박에 원만하고 평등하고 바른 성품이요 범부와 성인이 불성에서 차이가 없다.

125 온갖 중생의 생사는 성품이 없어서 본래 생사가 없는 것이다. 모든 부처도 제 성품이 없기 때문에 실은 보리도 없고 열반도 없다 한다. 다만 의지함이 없고 머무름이 없고 체가 없고 성품이 없는 미묘한 지혜가 메아리에 따라 응대하고 색신에 나타날 뿐이다. 이 도리로 중생을 교화할 수 있으면 대비라 한다.

126 허공은 본연의 허공인 것과 같이 다시는 허공을 구한다고 하지 않는다. 다만 보살이 삼매를 닦아 관조하면서 집착하는 장애를 다스리는 것이다. 그러나 보살은 닦거나 짖거나 머무르거나 없애거나 하는 체가 없어서 범부에 있어서도 줄어지지 아니하고 성인에 있어서도 늘어나지 아니한다.

127 보살은 온갖 행이 보리이나 이미 닦을 바가 없고 구할 바가 없기 때문이다. 온갖 법은 나지 않고 온갖 법은 사라지지 않는다.
만약 이러함을 알면 모든 부처가 그 앞에 나타난다. 이것은 보리마음이 나지도 않고 없어지지도 않으며 얼음이 없고 의지함이 없음을 알게 한다.

마음을 알고 근본통하면 여여한 부처요 마침내
의지함없는 자재한 사람일세.

128 경에 하나이기 때문에 여럿임을 알고 여럿이기
때문에 하나임을 안다. 하나가 없으면 여럿도 없
고 여럿이 없으면 하나도 없다. 쌍으로 나타나니
앞뒤가 없다.

129 경에 모든 법은 작용이 없고 또한 체성이 없는지
라. 온갖 것은 저마다 서로 모르느니라.

130 서로 서로가 인연으로 생기게 되고 온 체성은 공
하다.

131 상즉상입이라도도 말할 수 없음은 모양을 무너트
리지 않기 때문이며 상즉 상입이 아니라고도 말
할 수 없음은 서로 서로가 통하기 때문이다.

132 갖춘 형상은 만 가지로 다르되 광명은 환히 비춘다.

133 만약 뜻에 취착함이 없게 되면 마치 눈어리의 구름

이 흩어진 것과 같다. 한 물건도 얻을 바가 없다.

134 큰 원과 지혜 힘과 법성품의 자체는 공하여 성품
이 없는 힘인지라 숨거나 나타남이 자재하다.

135 만약 법성품을 따른다면 만 가지 모양이 도무지
없고 지혜 힘을 따른다면 뭇 모양이 따라서 나타
난다. 숨거나 나타남이 인연을 따르며 도무지 짓
는 바가 없는데 범부가 집착하여 무명을 짓는다,
집착의 장애가 이미 없다면 지혜의 작용이 자재
하여 하나의 참된 경계를 떠나지도 않고서 화하
는 거동이 백 가지로 변한다.

136 마음의 지음이 없음을 알면 이내 업의 공함을 깨
치게 되며 업이 공하다고 관찰할 때에 도 아닌
곳이 없게 되고 마음의 지혜가 분명할 때 가고
서고 앉고 눕는 네 가지 거동에서 저절로 남도
이롭고 자기도 이롭게 하는 힘이 나타난다.

137 온갖 모든 법은 참마음에서 나타난다. 마치 큰
바닷물의 온 바탕이 물결을 이루는 것처럼 온갖

법은 한마음 아님이 없기 때문이다.
크거나 작은 것들의 모양은 마음을 따라 회전하고 상즉 상입하며 걸림이 없다.

138 각의 체상은 마치 허공과도 같고 깨끗한 거울과도 같다.

139 온갖법 그대로가 진실한 성품이다. 성품이 깨끗한 본각이다.

140 멀리 여읜 이치를 나타내려 한 것이기 때문에 공이라 한다.

141 법계는 능소 두 가지가 없어지고 들어가는 모양조차 고요하기 때문에 움쭉하지 않는 법계이며 이것은 법계에 든 법계이다.

142 마음 법은 본래 형상이 없고 마음 법은 본래 머무는 곳이 없어서 모든 여래 조차 오히려 마음을 보지 못하거늘 하물며 그밖에 사람들이 마음 법을 볼 수 있겠나이까. 모든 법은 망상으로 부터

나며 과거 현재 미래는 마음일 뿐이다.

143 마음은 마치 눈어리의 법과 같나니 두루 헤아림으로 말미암아 갖가지 생각을 내며 고락을 받기 때문이며 마음은 마치 물 흐름과 같나니 생각생각 생멸하면서 전세 후세 잠시도 머무르지 않기 때문이며 마음은 마치 큰 바람과 같나니 한 찰나 동안에도 방소를 두루 돌아다니기 때문이니라. 마음은 마치 번개 빛과 같나니 잠깐동안도 머물러 있지 않기 때문이며 마음은 마치 허공과 같나니 객진 번뇌에 가리워지기 때문이며 마음은 마치 원숭이와 같나니 오욕의 나무에 노닐면서 잠시도 멈추지 않기 때문이니라.

144 심성은 본래 공하여 이러한 공의 성품은 나지도 않고 없어지지도 않으며 오는 것도 없고 가는 것도 없으며 동일하지도 않고 다르지도 않으며 아주 없는 것도 아니고 항상하지도 않느니라. 무위가 곧 마음이라면 단견이라 하며 마음 법은 여의면 상견이라 하나니 두 모양을 여의고 두 치우침에 집착하지 않은 이렇게 깨친 이라야 참 진리를

보았다 하느니라.

145 온갖 성현이란 성품이 본래 공하고 고요한지라 나를 멀리여의고 내 것을 여의었으며 이때없는 성품은 첫째가는 이치로써 그지없이 사라진 모양이고 체성이 본래 생기지 않았으며 이 성품은 온갖 것을 멀리 여의었다.

146 만약 심성을 자세히 살피면 바로 이것이 불성을 보고 큰 열반에 머무는 것이다. 만약 행한 마음이 밝아지면 심왕을 보게 된다.

147 원효대사가 당나라로 구법을 떠나던 중 밤이 되어 묘지에서 자게 되었는데 목이 말라 더듬어보니 옆에 물이 있는지라 시원하게 갈증을 해소하고 아침에 보니 시체에 괸 물이었다. 그때에 속이 메스꺼우면서 토해 버리다가 환히 크게 깨치며 말하였다.
부처님 말씀에 삼계가 마음일 뿐이요 만법이 식일 뿐이라고 하시더니 맛 좋고 메스꺼움은 나에게 있고 물이 아님을 알겠구나 하고 마침내 당나라

구법 여행을 되돌려 신라로 돌아와서 성인의 가르침을 널리 홍포하였다.

148 보리는 보리가 아니고 부처는 부처가 아니다. 만약 이 한 모양을 알면 세간의 길잡이 되리라.
고로 이 한 끝의 모양 없음의 근원을 알면 밝은 이가 되고 스승이 되어 널리 어리석은 중생을 구할 수 있으리니 변화의 성에서 쉬지 않고 곧장 보배있는 데에 가 닿으리라.

149 언제나 즐거이 적멸을 살피라. 하나의 모양이며 둘이 없나니 여래는 장애가 없는 깨끗한 지혜의 눈으로 법계의 온갖 중생들을 널리 살펴보면서 말씀하시기를 기특하고 기특하도다. 중생들이여 어떻게 여래의 지혜를 골고루 지니면서도 어리석고 미혹하여 모르고 못보는구나.
내가 거룩한 도로써 가르치어 그들로 하여금 영원히 망상 집착을 여의어 스스로 몸속에서 여래의 광대한 지혜가 부처님과도 다름이 없음을 볼 수 있게 하리라고 하시고 이내 그 중생들에게 거룩한 도를 닦아 익히어 망상을 여의게 하고 망상을 여읜 뒤에는 여래의 한량없는 지혜를 증득하여 일체중생들을 이익되고 안락하게 하셨다.

150 마음은 경계 밖이 아니기 때문에 얻을 것이 없고 경계는 마음 밖이 아니기 때문에 모양이 없다. 곧 마음이 이는 경계이기 때문에 심히 깊고 곧 경계는 이는 마음이기 때문에 상즉일여이다.

151 현상에 즉하면서도 다르지 아니 함이 없고 공에 즉하면서도 동일하지 아니함이 없다. 고로 관으로 평등하다.

152 허망이 없음을 진이라 하고 진리를 나타냄을 여라 한다.

153 법마다 진 아님이 없는데 어찌하여 보낼 만한 허망이 있겠는가. 그렇다면 진은 진이 아니다. 법마다 여가 아님이 없는데 어찌하여 나타낼만한 진리라 하겠는가. 그러므로 여는 여가 아니다. 보낼 것도 없고 세울 것도 없으면 도는 저절로 깊이 알게 되거늘 어찌 진과 망이 생각에 걸림이

있겠는가. 무심히 도에 계합계합하고 본체와 현상이 함께 통하리라.

154 진여의 제 모양은 생각을 여읜 경계뿐이면 있다 없다는 것으로써 생각할 수 없으므로 이르기를 모양이 있는 것도 아니고 모양이 없는 것도 아니며 모양이 있는 것이 아님도 아니고 모양이 없는 것도 아니며 모양이 있는 것이 아님도 아니고 모양이 없는 것이 아님도 아니며 있거나 없거나 한 모양이 다 아니다.

155 있는 것이 곧 없는 것이거늘 어찌하여 없는 것이 아님이 있겠으며 이제 없는 것이 곧 있는 것이거늘 어찌하여 있는 것이 아님이 있겠는가. 고로 쌍비 역시 고요하다.

156 체성이 없기 때문에 법과 법이 언제나 생기고 작용이 없기 때문에 티끌과 티끌이 항상 고요한 것이니 모두가 이는 세간에서 분별하는 중생의 망정이다. 평등한 법안에서 스스로 차별을 내고 둘이 없는 모양의 곳을 향해 억지로 많은 가닥을

냄은 마치 그림 그리는 이가 크고 작은 그릇으로 두드려내는 것과 같다. 만법의 체성은 언제나 비었는데 자기의 마음에서 변할 뿐이다.

157 평등한 법계에서는 두 모양의 것이 없는데도 언제나 능소의 두 모양이 있는 것으로 보나니 그러므로 두려워하지 않아야 한다. 어떻게 쓸데없는 데서 두려워하겠는가. 제 마음이 변한 까닭이니 마치 그림이 오목하고 볼록함은 제 손으로 말미암아 그려진 것과 같기 때문이다.

158 첫째가는 이치란 모든 법이 없음을 말하나니 만약 모든 법이 없다면 어떻게 공을 말하고 이름과 법을 말하겠는가. 고로 법은 마음으로부터 나고 이름은 법으로부터 세워진다.
내는 바의 마음이 처소가 없는지라 내는 법도 그러하니라. 곧 마음과 경계가 다 공하여 다함께 처소가 없다.

159 이름과 바탕은 서로가 고요하고 만 가지 법은 생김이 없으며 다만 하나의 참 마음일뿐 다시는 아

무엇도 없다. 홀로 참마음만이 환하다.

160 만약 으뜸 근기의 대사라면 어찌 이름과 모양을
빌면서 떨쳐일으키겠는가. 경계를 대하면서 생
각과 생각마다 근원을 알고 인연을 만나면서 마
음과 생각마다 도에 계합되리라.

161 마음과 부처 중생 이 세 가지는 차별이 없다.

162 보살마하살은 온갖 법이 모두 동일한 성품임을
안다. 마음이 온갖 법에 두루하고 하나하나의 법
은 마음 아님이 없다.

163 온갖 지음의 곳이 곧 지음 없는 곳이요 지음 없
는 법에서 곧 부처 보리니 만약 모양을 보는 때
면 온갖 처소에서 귀신을 보리라. 왜냐하면 짓는
때에 짓는 이가 없고 지을 법이 없는지라 곧 인
법이 다함께 공하기 때문이다. 이것을 깨달으면
부처가 되거니와 만약 지음이 없는 법에 헷갈리
면 곡두환상이 앞에 나타나리라. 고로 경에 있는
바 모양은 모두가 바로 허망이니라.

164 생각은 일만팔천 번이 넘더라도 한번 한번마다 모양 없는 선정에 든다.

165 오직 견성을 해야만이 말이 쉴 수 있으리라.

166 이 법에는 일찍이 여럿이라는 것이 없다. 하나도 아니요 여럿이 아니며 존재하면서도 존재하지 아니하고 여럿이면서도 하나이며 없으면서도 없지 아니하고 하나와 여럿이 서로 의지하면서 서로서로 밑과 끝이 된다.

167 하나 안에서 한량 없음을 알고 한량 없음 안에서 하나를 안다. 하나가 곧 여럿이요 여럿이 곧 하나이니 의미가 적멸하여 모두가 평등하다. 같음과 다름의 뒤바뀐 모양 여의면 보살의 불퇴주라 한다.

168 온갖 법은 마음일뿐이라 마음이 곧 부처요 마음이 곧 법이다.

169 성품은 본래 여의기 때문에 머무는 것이 아니요

머물지 않는 것도 아니다.

170 지혜광명을 얻기만하면 심성은 맑디 맑고 고요히
비추어져서 법계가 환히 밝아지고 청정하여진다.

171 중생의 샘이 없는 지혜성품은 본래 스스로 구족
하지마는 객진에 가리워졌음은 마치 거울에 먼지
가 낀 것과 같다. 거울은 본래 밝은 것이라고 능
히 알기만 하면 먼지는 차차로 다하게 되리니 객
진이 다하는 곳에 참성품 환히 밝으리라.

172 나고 죽지 않는 참장부이시여 용모 없고 형체 없
는 대 비로자나일세. 진로가 다 없어지자 진여만
이 남아 뚜렷이 밝은 한 알 무가보의 보주로다.

173 이른바 모양이 없는 성품이니 다함없는 성품이요
남이 없는 성품이요 사라짐 없는 성품이요 나없
는 성품이요 중생없는 성품이요 중생 아님이 없
는 성품이요. 보리 없는 성품이요 법계 없는, 허
공 없는, 또한 정각 이름 없는 성품이었다. 온갖
법이 모두 성품이 없기 때문에 일체지를 얻고 대

비가 계속되어 중생을 제도한다. 보리는 모양도 없고 모양 아님도 없고 하나도 없고 갖가지가 없기 때문이다.

174 정경명에 온갖 중생이 곧 보리의 모양이다. 고로 능과 소는 둘이 아니고 마음과 대상은 둘이 아니다. 진실로 마음과 경계는 동일한 성품이기 때문에 중생과 부처도 그러하다. 중생은 본래 한마음도 움쭉하지 않고 언제나 천진에 계합한다.

175 움직이는 생각이 이는 곧 고요한 마음임을 증득하여 알았기 때문에 마음이 처음 일어남을 알았다고 한다.

176 한마음의 근원에 돌아가면 다시는 일어나거나 움직임이 없기 때문에 심성을 보게 되면 마음은 항상 머무르며 다시는 나아갈 바가 없이 마지막 깨달음이라 한다.

177 이 마음과 허공은 수명이 같고 내지 여섯 갈래 지옥 아귀 축생 아수라 인간 천상(천도)을 윤회

하면서 갖가지 형상을 받되 곧 이 마음은 일찍이 생긴 일도 없고 헷갈린 뜻으로 망령되이 모든 업을 일으켜 과보를 받으며 허망하게 세간에서 숨을 쉬는 四대의 몸에 집착하여 나고 없어짐이 있다고 보나 신령한 깨달음의 성품은 실로 나거나 없어짐이 없다.

178 지금의 보고 듣고 깨닫고 아는 것이 그대의 본성품이요 본래 마음이라고도 한다. 제 성품이 열반이요 제 성품이 청정하며 제 성품이 해탈이요 제 성품이 여의없기 때문이다. 이것이 그대의 성품이요 본래부처인지라 따로 부처를 구할 필요도 없다. 그대 스스로가 금강정이라 다시금 뜻을 짓고 마음을 모아 선정을 취할 필요도 없고 비록 마음을 모으고 생각을 거두어서 지어 얻는다 하여도 역시 마지막이 아니다.

179 중생과 부처는 다르지 않고 큰 지혜와 어리석음은 다르지 않거늘 어찌 바깥에서 값진 보배를 구할 필요가 있겠는가. 미혹과 깨침이 본래 차별이 없고 열반과 생사가 한결 같으며 마지막의 반연

도 비어 고요하고 추구하는 생각도 맑게 비었으며 한 가지 법도 얻을 만한 것이 없고 조용히 곧장 남음 없음에 둔다.

180 부대사 게송에 근원으로 돌아가라. 법성품은 앞뒤가 없는 것이니 한 생각으로 일시에 닦으라.

181 진각대사 송에 한 성품은 뚜렷이 온갖 성품에 통하고 한 법은 두루하게 온갖 법을 함용한다. 모든 부처의 법신은 나의 성품에 들고 나의 성품도 똑같이 여래와 합한다.

182 한 생각이나마 지음이 없는 성품에 맡기면 부처 지혜는 앞에 나타나서 얻음도 없고 증득함도 없는 바로 이것이 부처이리라.

183 법이 없는 법을 참된 법이라 하고 깨달음 없는 깨달음을 참된 깨달음이라 하나니 곧 미묘한 성품은 붙은 데가 없어서 천진이며 밝고 환하다.

184 선남자여 한 법도 여래의 깨달은 바가 없느니라.

선남자여 법에서 깨달음이 없는 이것이 여래의 깨달음이니라. 온갖법이 나지 않으면서 여래는 증득하여 깨닫느니라.

185 경계는 마치 눈어리 같고 꿈같고 그림자와 같고 메아리와 같고 또한 변화와도 같은 줄을 분명히 알라.

186 온갖 법이 곧 마음의 제 성품임을 알면 지혜 몸을 성취하는 것이 남으로 말미암아 깨치지 아니한다.

187 부처님은 보리를 얻은지라. 지혜는 두루하지 아니함이 없고 몸은 있지 않은 데가 없다. 의지함도 없고 머무름도 없고 감도 없고 옴도 없다.

188 실상 묘각이 밝고 뚜렷하여 본래 원만하고 명료하다.

189 제六식이 움직이면 분별이 있고 움직이지 않으면 곧 평등하여 법계에 두루하다.

190 제 마음 성품은 온갖 처소에 두루하다. 온갖 법이 바로 마음 제 성품이요 성품 또한 성품이 아니며 망정이 부서져서 진리가 나타남을 분명히 알면 노사나몸을 보고 법성품에 일치하여 안팎이 없다.

191 법신은 모양도 아니고 모양 아님도 아니다. 왜 모양이 아니냐 하면 본래 일정한 모양이 없기 때문이요 왜 모양이 아님도 아니냐 하면 연기의 모든 모양이기 때문이다. 그렇게 되면 법신은 나타난 것도 아니고 나타나지 않음도 아니며 성품도 아니고 성품 아님도 아니며 있는 것도 아니고 없는 것도 아니며 마음도 아니고 뜻도 아니어서 온갖 것으로도 헤아릴 수 없다.

192 삼보는 마치 허공의 모양과 같아서 듣고 보는 것으로 미칠 바가 아니며 곧 중생의 마음부처가 부처마음의 중생을 헤아린다.

193 법신여래는 본래 생멸이 없되 참으로부터 변화를 일으켜 미혹한 근기들을 가까이 이끌어들이므로

변화는 그대로가 참이요 진신응신은 한끝이어서 곧 오지도 않고 가지도 않으나 물건과 마음을 따라 응한다.

또 화신의 체성은 곧 진신이라 오감이 없다고 설명하나 진신으로부터 화신이 흘러나와서 실제로는 가고 옴이 있나니 곧 오는 모양이 아니면서도 오고 보는 모양이 아니면서도 본다.

194 경에 모든 법의 실상을 보면 부처님을 본 것과 같다. 모든 법은 마침내 공하여 일체상이 초탈되어 있다. 왜냐하면 충만해서 있지 아니한 곳이 없기 때문이다. 아무 것도 없다란 이러한 깊은 뜻이 있다.

195 문수보살송에 빛깔이 없고 형상이 없으며 나지도 않고 없어지지도 않으며 허공은 중간과 갓이 없는 것처럼 모든 부처님의 마음 또한 그러하다.

196 마음은 널리 그지없는 업을 쌓아 온갖 세간들을 장엄했으며 온갖 법이 모두 마음임을 알매 나툼이 저 중생수와 같네.

197 온갖 법은 모두가 이는 마음광명이라 마치 해가 밝고 깨끗함과 같다. 모든 법에 따라 이런 관을 지을 수 있으면 자기 마음이 두루하지 않음이 없다.

198 어느 한 사람이 드넓은 벌판을 가다가 배가 고파 몹시 고생을 하다가 잠을 자게 되었는데 꿈속에서 여러 가지 맛있는 음식을 먹고 배가 아주 불렀다. 그런데 꿈을 깨고 나니 다 공하여 진실 없는 것이 마치 꿈속에서 본 바 본래 스스로 진실 아닌 것과 같구나 라고 관하는 때에 무생법인의 도를 깨쳤고 불퇴전을 얻었다.

199 경에 비구가 부정관을 닦으면서 시체를 보았더니 형색이 변하기 시작하여 푸르러지기도 하고 노랗고 붉게 되기도 하더니 없었다. 돌이켜 보니 마음만으로 짓는 바라 도리어 자기 마음을 보았다. 일체유심조 일체경계는 마음이 지은 바다.

200 마음에 생각이 있으면 어리석게 되고 마음에 생각이 없으면 바로 열반이다. 모두가 생각으로 되는 바라 설령 있다하더라도 그 생각 또한 마침내

아무 것도 없는 공일 뿐이다라고 하면 이것을 부처님 도장 불인이라 한다.

201 탐내는 바도 없고 집착하는 바도 없으며 구하는 바도 없고 생각하는 바도 없어서 온갖 것이 다하고 하고 싶은 바도 다하여 어데로부터 온데도 없고 없어져야 할 바도 없으며 부셔버릴 바도 없는 것이다. 도는 반드시 도의 근본이어야 한다. 이 불인은 이승조차도 파괴할 수 없거늘 하물며 악마이겠는가.

202 무엇을 통달하지 않았다 하느냐 하면 성품 없음을 요달하지 못했기 때문이다. 그러므로 선악의 모든 법은 모두 성품 없음을 성품으로 삼으며 이 성품이 바로 불성이다.
곧 머무르는 근본이 없는 그대로가 법성이기 때문에 선악의 성품은 끊어질 수가 없다. 온갖 처소에 두루 하는 것이 곧 선악의 성품이다. 선악은 똑같이 심성으로 성품을 삼는지라 성품의 선이 더하지도 않고 성품의 악이 줄지도 않는 이 성품이 곧 법신이다.

203 거울에는 본래 형상이 없기 때문에 형상을 나타 낼 수 있듯이 이 세상 일체 경계는 마음의 거울에 서 나타난 바다. 심즉시불 마음은 곧 부처이다.

204 만약 성품을 깨달아 알면 성불하게 된다. 참 성품 은 맑고 고요하여 보는 법이 아니다.
제 심성이 남이 없되 물건을 따라 온갖 처소에 두 루 하기 때문에 실상 아닌 바가 없기에 주객이 초 연하다.

205 경에 온갖 법성품은 마치 허공와 같아서 평등하 게 뭇 물건의 의지할 바가 되어 주면서도 그 체 성은 있는 물건이 아니고 없는 물건도 아니며 이 속의 고요하면서도 앎이 없음을 능히 앎을 분명 히 안다고 말하며 아는 이라고 하나니라.

206 성품을 보는 때에도 성품은 본래 생각을 여의나 생각이 있으면서 없애야 함이 아니며 물건을 관 하는 동안에도 물건은 본래 형상이 없으나 물건 이 있으면서 보내야 함이 아니니 그러므로 이르 기를 생각 여읨의 지혜는 허공과 같다.

207 마음은 허공과 같아서 곧 성인의 지혜를 증득하고 여여와 거룩한 성품의 두 가지가 다함께 맑고 고요하며 공하여 체성이 없고 체성이 비고 고요함과 같아지면 이것을 보살이 증득하여 드는 진여법계 성인법장의 진제관의 문이라 한다.

208 내공이라 함은 눈 귀 코 혀 몸 뜻이 공하므로 나도 없고 내 것도 없다는 뜻이다.

209 외공이란 색 성 향 미 촉 법이 공하므로 나도 없고 내 것도 없다.

210 내외공이란 내공 외공 十二입 중에는 나도 없고 내 것도 없다.

211 공공이란 내공 외공 내외공을 깨트리는 것이니 공공이다.

212 대공이란 동서남북 사방 팔방 윗방위 아랫방위의 공이다.

213 제일의공이란 모든 법의 실상이라 존재한다면 받아들여야 하고 놓아두어야 하나 실상이 없기 때문에 받아들이지도 않고 놓아두지도 않나니 만약 받아들이거나 놓아두거나 하면 바로 그것은 거짓이다.

214 유위공과 무위공이란 유위공은 五음 十二입 十八계의 공이며 무위공은 짓는 바가 없기에 허공과 같은 공이다. 유위의 실상이 바로 무위다. 고로 두 공은 다르지 않다.

215 필경공이란 필경에는 공인 이것 또한 공하다. 온갖법을 깨트려 남음이 없는 공이다.

216 무시공이란 중생들은 비롯함 없는 때로부터 욕망에 얽매여 나고 죽고 나고 죽고 하는 비롯함 없음을 깨트리는 공.

217 산공이라 함은 만물을 이루는 그 원소도 공인 지라 산공.

218 성공이란 모든 법의 성품은 본래 공한테 무명에 의해 존재한다.

219 자상공이란 근본공과 모양공이 서로 공하기에 상공.

220 제법공이란 온갖법은 마음으로 남이 있으나 그 근본은 공이므로

221 불가득공이란 온갖법은 열반에 이르기까지 얻을 수 없으므로

222 무법공과 유법공의 무법유법이 공이란 유위 무위의 법 마침내 모두 공하고 공조차 없으므로

223 무법 유법이 공이란 심생즉 종종 법생이나 모두 공.

224 八十공. 세간의 온갖 법은 공하다. 시방에 계시는 모든 여래는 비록 모두 공하고 고요함을 아셨으나 공에서 생각을 일으키지 않으신다.

225 경에 중생이 곧 법신이요 법신이 곧 중생이다. 뜻은 하나로되 이름이 다를뿐이다. 중생계는 마치 허공계와 같다. 비로자나의 몸속에는 여섯 갈래의 중생이 모두 갖추어져 있다. 모든 부처님의 법신은 모든 중생의 마음에 두루미쳐서 이미 동일한 마음이거늘.

226 지 수 화 풍 식 계와 아 인 수 명은 모두 다 비고 고요하다.

227 법신이란 바로 이 마음이다. 고로 마음이 둘이 아님을 관찰할 수 있으면 비로소 비로자나의 청정한 법신을 본다. 한 생각의 마음을 일으키면 법신 또한 따라 나타나고 색처 공처가 나타나리니 다시는 멀리서 부처를 구하지 말라.

228 성품의 모양이기 때문에 능소가 완연하고 곧 모양의 성품이기 때문에 물아가 둘이 아니다. 밝은 삼매의 마음이 법계에 두루하면 중생의 물질과 마음이 모두 정심 속의 물건이며 그 작용도 법계에 두루하여 역시 마음을 여의지 아니한다.

229 만약 번뇌의 성품이 공하고 생사가 본래 고요한 줄 알면 벌써 굴릴 바의 모양도 없고 능히 굴림의 이름조차도 없다.

230 묘각의 마음구슬 희기가 해와 같다. 그 자체는 오묘하여 한 물건도 없거니 그 누가 연등불을 이어 받으리.

231 온갖 경계는 한마음으로부터 일어나는 것을 관하면 고요하여 지거늘 어찌 다시 끊을 필요가 있겠는가.
고로 마음을 알기만 하면 저절로 만 가지 경계가 곡두와 같다. 왜냐하면 온갖 법은 모두가 마음으로부터 허환하게 나기 때문이다. 마음이 이미 형상이 없거늘 법이 어찌 모양이 있겠는가.

232 남이 없는 법은 아무 것도 없으며 모든 법은 본래 성품이 청정하다. 그러나 모든 범부가 어리석고 지혜가 없어서 법이 없음을 사실대로 모르기 때문에 망녕되이 분별을 내며 분별하기 때문에 나쁜 길에 떨어지느니라.

233 모든 법이 거짓임은 아지랑이 같기 때문이며 모든 법이 광대함은 처소가 없기 때문이요. 법에 지을 바가 없음은 마침내 고요하기 때문이며 법에 의지 할 바가 없음은 경계가 공하기 때문이요. 법에 근본이 없음은 필경에는 공이기 때문이다.

234 모든 법은 거울의 형상과 같고 물속의 달과도 같거늘 범부의 어리석고 미혹한 마음으로 어리석음 성냄 탐냄을 분별한다. 모든 법은 언제나 모양이 없고 고요하여 근본이 없는 것이요 그지 없어서 취할 수 없나니 음욕의 성품 또한 그러하니라.

235 한 생각의 제 마음이 바로 법계인 줄 통달하기만 하면 시방의 모든 부처와 일체중생이 똑같이 하나의 머무름이 없고 본래 하나의 법계로써 몸이 되고 국토가 되나 저것도 없고 이것도 없으며 근원도 없고 머문 데도 없으며 닦거나 닦지 않을 것도 증득하거나 증득하지 않을 것도 없으며 범부도 없고 성인도 없거늘 다만 중생들이 스스로 망상으로 속박된 범부라 닦지도 않고 증득하지도

않았다 말하나 이 모두 성 범 수 증은 이름뿐이
요 실제에는 이름이 없다.

236 범부 성인의 몸은 바로 부처의 법신이요 온갖 국
토가 바로 부처의 국토요 온갖 법이 바로 부처의
법이요 온갖 마음이 바로 한마음이다. 부처의 본
체와 지혜 경계는 환하게 법계에 두루하여 적멸
이다.

237 마음이란 마음을 모르고 마음이란 마음을 보지 않
나니 마음에 생각이 없으면 마음이 자성불에 명합
하여 영원히 생각하여 구하는 것이 끊어진다.

238 각은 본래 이루어져 있기 때문에 보살은 생사도
싫어하지 않고 열반도 사랑하지 않으며 계율 지
님도 공경하지 않고 무너트림도 미워하지 않으며
오래 익힌 이도 존중하지 않고 배우지 못한 이도
업신여기지 않나니 왜냐하면 모두가 각이기 때문
이다.

239 온갖 중생의 실상은 금빛세계의 때없이 깨끗한

지혜로 파괴가 없다. 보배구슬 자재로이 옷속에 있는데도 오랜 가난으로 문밖에 있으려네.

깨끗한 마음자리 모든 부처의 법 출생시키니 시방의 모든 부처님도 이 마음을 믿지 않고 성불한 이 없으며 모든 조사도 이 성품을 보지 않고 조사된 이 없다.

조사와 부처가 되지 못한 이는 모두가 믿음이 미치지 못하고 말만을 배우면서 마음을 비추지 아니하여서이니 믿음은 바로 도이기 때문에 경에 믿음은 바로 도의 근원이요 공덕의 어머니라고 하였다. 고로 마음이 곧 부처임을 믿어라.

240 화엄경 출현품에 불자야 보살마하살은 자기 마음이 생각 생각마다 언제나 부처가 있어서 정각을 이루는 것으로 알아야 한다. 왜냐하면 모든 부처님은 이 마음을 여의고서 정각을 이루지 않으셨기 때문이니라.

자기 마음에서처럼 온갖 중생들의 마음도 역시 그러하여 모두가 여래가 있고 등정각을 이루며 넓고 크게 두루하여 곳마다 있지 아니함이 없고 여의지도 않고 끊어지지도 않으면서 쉼도 없느니라.

241 일체 중생에게는 여래장이 있어서 부처의 원인이 되므로 불성·부처의 성품이 있다. 유정에게만이 여래의 바른 성품이 갖추어 있을 뿐만이 아니요 온갖 법 가운데도 모두가 안락함의 성품이 있다.

242 값으로 칠 수 없는 여의보주가 흙탕에 수호하여 떨어지지 않게 하는 것처럼 법의 성품도 그러하여 비록 번뇌에 있다 하더라도 물들게 되지 않다가 뒷날에 다시 부처님 법을 만나 드러나느니라. 고로 알라. 번뇌가 곧 보리요 보리가 곧 번뇌이다.

243 마음에 있는 때가 소멸되기만 하면 증득하기 손바닥을 뒤집는 것과 같다.

244 내공과 외공이 허공인 고로 온갖 중생은 허공의 성품이다. 고로 성인과 범부의 근원이 어찌 다르겠는가.

245 문수보살-하나의 법도 법계 아님을 보지 않거늘 다시 어찌 법계가 법계를 좋아하겠는가.

246 모든 중생계와 법계가 평등하여 다름이 없다고 관할 수 있으면 하나 둘의 수에 분별을 내지 않으리니 이것을 보살의 불퇴인이라 한다.

247 여래의 법신은 온갖 처소에 두루하다. 대저 법신이란 자기의 마음이다. 고로 시방의 하늘과 큰 바다도 제 마음 속에서는 한 점의 구름과 한방울의 거품과 같거늘 하물며 거짓 이름인 성인범부가 어찌 나의 마음이 아니겠는가.

248 온갖 처소가 문수사리요 온갖 처소가 금빛세계며 온갖 처소가 부동지 불이다. 제 마음에 의지하여 머무름이 없고 성품이 미묘하여 지혜해탈임을 믿어야 이것이 스스로 문수요 마음에 의지하여 머무름이 없는 속에서 성품이 없는 미묘한 이치에 자재로와서 분별함이 있되 움직일만한 성품이 없음을 부동지 불이라 한다.

249 경에 중생계는 모두가 평등하여 마치 허공계와 같은 것이니 그가 이것을 알 수 있다면 부처의 도 이루기 어렵지 않으리라. 그것은 상이 없어서

생각할 바 없고 마음 내는 바가 없다면 부처의 도 이루기 어렵지 않네.

250 중생을 여의지 않으면서 법이 있고 법을 여의지 않으면서 중생이 있느니라. 중생의 체성이 바로 나의 체성이요 법의 체성과 같으며 불법의 체성이나 법도 아니고 법 아닌 것도 아니어서 모양 없음에 머무르게 됨을 바로 법의 평등이라 하느니라.

251 제 마음의 대방광을 깨달아 알면 부처이다.

252 중생계의 분량은 마치 모든 불계의 분량과 같고 중생계의 머무름은 마치 허공의 머무름과 같은 줄 관찰하라. 머무르지 않는 법과 모양 없는 법으로 반야 안에 머무르면 범부의 법을 보지 않을 터인데 어떻게 버리겠으며 성인의 법도 보지 않을 터인데 어떻게 취하겠는가.

253 한산자시에 여러분들에게 말씀하여 두노니 다시 무엇하러 생각하는가. 도를 통달하면 절로 절로

성품을 보며 성품을 보면 이내 여래이니라.

254 눈앞에 참된 큰 도 본다하여도 털끝만큼도 보지
않음 또한 크게 기이하네. 만법 어찌 다르고 마
음 어찌 다르관대 어찌하여 수고로이 경의 이치
찾는고 마음 왕은 본래 절로 많이 알음 끊었으니
지자는 무학자리 밝힐 뿐이네.

255 마음을 저버려 경계에 합하면 단박에 치우가 일
어나고 경계를 저버려 마음에 합하면 법계를 뚜
렷이 비춘다.

256 마음은 환술과 같아서 온갖법의 경계를 내되 두
루하고 그지 없어서 다하지도 않고 그치지도 않
음을 안다.

257 부처님의 법신이 나의 몸에 와 들고 내 몸은 언
제나 부처님네의 몸에 드네. 그러나 서로 서로
들면서 드는 바가 없나니

258 세존께서 유마힐에게 너는 여래를 어떻게 관하느냐.

유마힐은 몸의 실상을 관하는 것처럼 부처님을 관하는 것 또한 그러하나이다. 여래께서 과거에도 오지 않았고 미래에도 가지 않을 것이며 지금도 머무르지 않는 것으로 관하오며 색으로 관하지 아니하고 四대로 생김이 아니라 허공과 같고 六입의 쌓임이 없는 지라 안이비설신과 마음이 이미 지나갔으며 三계에 이미 있지 않고 삼명과 무명이 같으며 동일한 모양이 아니고 다른 모양도 아니며 자기 모양도 아니고 남의 모양도 아니며 모양 없음도 아니고 모양 취함도 아니며 적멸하면서도 영원히 소멸하지도 아니하고 이것도 아니고 저것도 아니며 지혜로써도 알 수 없고 식으로써도 알 수 없으며 어둠도 없고 밝음도 없으며 이름도 없고 모양도 없으며 깨끗함도 아니고 더러움도 아니며 유위도 아니고 무위도 아니며 베풀지도 않고 아끼지도 않으며 지혜롭지도 않고 어리석지도 않으며 오지도 않고 가지도 않으며 온갖 말조차 끊어졌으며 취함도 아니고 버림도 아니며 모양도 아니고 모양 없음도 아니며 진제와 같고 법성과 같으며 일컬을 수 없고 헤아릴 수 없으며 큼도 아니고 작음도 아니며 봄이 아니고 들음도 아니며 깨달음도 아니고 앎도 아니어서 모든 결박을 여의었으며 모든 법에서 분별이 없고 온갖 것에 앓음이 없으며 지음도 없고 일으킴도 없으며 남도 없고 사라짐도 없으며 두려움도 없고 근심도 없으며 기쁨도 없고 싫음도 없으며 집착도 없고 지금 있는 것도 없으며 온갖 말로써 분별하거나 나타내 보일 수 없나이다. 세존이시여 여래의 몸은 이와 같사오며 이렇게 관하옵니다.

259 몸과 마음을 관하기를 마치 세 번째의 손처럼 여기면 마침내 몸과 마음은 없게 된다. 좌선도 이와 같다.

260 유마경에서 문수사리가 유마힐에게 물었다. 보살은 어떻게 중생을 관합니까. 마치 요술쟁이가 요술로 된 사람을 보는 것처럼 보살은 중생을 그와 같은 것이라 관합니다.
또한 지혜로운 이가 물속에 달을 보는 것처럼 마치 거울 속의 얼굴을 보는 것처럼 더울 때 아지랑이처럼 부르는 소리의 메아리처럼 공중의 구름처럼 물거품처럼 번개와 같이 보살은 중생을 그와 같이 관합니다. 또한 공중의 새자국처럼, 돌 계집의 아이처럼 꿈에서 보다가 깨어난 것처럼 보살은 중생을 그와 같은 것이라 말합니다.

261 색으로 관하지 않으면 바로 공의 세속이요 여로 관하지 않으면 바로 공의 진리이며 불성으로 관 하지 않으면 바로 공의 중도이다. 고로 나와 열 반의 이 두 가지는 모두 공이다.

262 불법이란 온갖 법을 말하며 온갖 법이란 불법을 말한다. 불법의 성품이 온갖 법의 성품이라 온갖 법의 성품도 곧 불법의 성품과 같나니 불법의 성 품과 온갖 법의 성품은 차별이 없다. 온갖 법과 모든 불법은 거짓이름뿐이며 또한 옳은 법도 아 니고 그른 법도 아니다. 부처와 보리는 소리가 있을 뿐 진실도 없고 방소도 없나니 모든 법 또 한 그러하다.

263 모든 법의 적멸과 적멸이 아님의 두 가지 분별심 을 멀리 여의며 분별심들이 바로 세간소견임을 알면 바른 지위에 들어서 분별도 다하리라.

264 법화경에 보살마하살이 온갖 법은 공하여 마치 실상은 뒤바뀌지 않고 아무 성품도 없으며 온갖 말조차 끊어져서 나거나 일으키지도 않으며 이름과 모양도 없고 실로 아무 것도 없어서 한량없고 그지없고 거리낌이 없고 막힘이 없는 것과 같되 다만 인연으로 있게 되고 뒤바뀜으로부터 생길 뿐이라고 관하기 때문에 항상 즐거움을 말하면서 이와 같은 법 모양을 관하면 이것을 보살마하살의 두 번째 친근할 곳이라고 하느니라.

265 삼계의 모양에 나고 죽음이 없고 물러나거나 나옴이 없으며 역시 세간에 있음과 멸도함의 것이 없으며 진실도 아니고 거짓도 아니며 같은 것도 아니고 다른 것도 아님을 사실대로 안다.

266 부처는 항상 적멸하여 쓸모없는 의론의 모양이 없다. 만약 사람이 항상 적멸하는 일을 분별하고 쓸데없이 의론한다면 이 사람 또한 삿된 소견에 떨어진 것이다. 이 있다 없다는 두 가지 치우침을 여의고 중도에 처하면 바로 이것이 모든 법의 실상이며 모든 법의 실상 그대로 부처이다.

267 모든 보살들은 법조차도 얻지 않거늘 하물며 법이 아닌 것이겠으며 오히려 도 조차도 얻지 않거늘 하물며 도 아닌 것이겠느냐.
생사의 법에서 일으키지도 않고 떨어지지도 않으며 모든 성인의 도를 여의지도 않고 닦지도 않는다.

268 세속의 환유의 모양은 모양이 본래 스스로 공이요 참된 이치의 진공의 본체는 본체가 언제나 스스로 존재한다는 것이다. 체성이 하나이기 때문에 공과 존재가 서로 따르면서 그윽하여 둘이 아니다.
고요하면서도 언제나 비추고 비추면서도 언제나 고요하며 그러므로 종일도록 알고 보면서도 알고 보는 것이 없다.

269 보살은 온갖 법과 새 세상이 평등하고 여여하여 동요하지 않으며 실제가 머무름이 없음을 분명히 알며 한 중생도 이미 교화를 받았거나 지금 교화를 받거나 장차 받을 것이라고 보지 않으며 수행할 바가 없고 조그마한 법도 나거나 없어지면서 얻을 만한 것이 없음을 스스로 분명히 알면서도 온갖 법에

의하여 소원을 헛되지 않게 하기 때문이다.

270 만약 마음이 허망하게 나면 六취와 三도의 근본
이 되므로 착함마다 꺼잡지 아니함이 없고 악함
마다 거두지 아니함이 없다.

271 공에 즉하기 때문에 아와 인과 열여섯 가지 지견
과 욕망이 없고 가에 즉하기 때문에 공·무상·
무원 등 욕망이 없으며 중도에 즉하기 때문에 부
처와 보리와 법륜굴림으로 중생을 제도한다는 등
욕망이 없나니 세 가지 진리가 청정함을 마지막
청정이라 한다.

272 대저 실상이란 말의 길이 끊어지고 마음가는 곳
까지 사라졌다.
모두가 제 마음으로 변하여짐을 알지 못하며 모
든 큰 보살은 바로 마음뿐임을 알고 공과 존재가
둘 다 없어졌으나 무명이 아직 다하지 못하고 공
덕이 아직 원만하지 못하여 진리의 행이 아직 이
지러지고 오히려 인 위에 살고 있다.

273 모든 부처님이면 참 유식의 성품을 원만하게 증득하고 생각을 여의어 청정하다. 그러므로 경에 이르기를 부처님 한 분만이 깨끗한 계율을 지닐 뿐이며 그 나머지 모두가 파계한 이라 한다. 무릇 나라는 뒤바뀜을 여의면 도의 계율을 이룬다.

274 대승의 작은 보살은 모양이 공함의 지혜를 관하여 마음이 깨끗하고 밝을 적에 모양 취함을 하지 않으며 대승의 큰 보살은 마음뿐임을 관하여 본래 그 밖에는 빛깔도 없고 모양도 없고 모양이 공함도 없으며 모양의 취함도 없다. 공도 공이어서 집착할만한 공이 없음을 알면 대공을 증득한다. 모든 법을 깨트려 모두가 공하면 공만이 남아서 그에 집착하는 오류를 범치마라.

275 대공이란 온갖 법을 깨트려 공하고 그 공 또한 공인 것이니 그것조차 여의어라. 부처님은 마음뿐임을 증득하여 생각을 여의고 언제나 청정하여 무명의 때가 없다.

276 만약 종경의 안에 들면 공과 존재의 모든 인연에

동요받지 않게 되거늘 어찌 첫째 가는 것이 아니겠는가.

277 범부의 행이 아니고 성현의 행이 아닌지라 자신이 보리마음을 내었음도 보지 아니하고 모든 부처님이 등정각을 이루었음도 보지 아니하며 좋거나 나쁘거나 간에 얻을만한 조그마한 법이 있으면 깨끗한 행이라 하지 못한다.

278 법신이란 곧 여래의 지혜이며 여래의 지혜란 바로 정각이다.

279 한산자 시에 다섯 큰 산을 모두 가루를 만들고 수미산을 한치의 산으로 하며 큰바다를 한방울 물로 하여서 나의 마음 밭에다 적셔두어 보리씨를 생장시켜 하늘 안에 하늘을 두루덮음은 도를 그리는 이에게 보답하기 위함이니 부디 남은 습기에 감기지 말라.

280 탐냄 성냄 어리석음이 바로 이는 해탈이다. 그 성품을 분명히 아는 이면 도가 나타난다. 비록

분명히 안다손치더라도 집착하지 않기 때문에 역시 그와 함께 하지 아니한다. 오랫동안 행하지 않은 근기가 성숙한 보살이라야 본체와 현상이 걸림 없을 수 있다.
탐진치의 티끌에 휘말리지 않는 것은 저절로 이는 내가 무심이기 때문이다.

281 인연마다 고요함이 없고 일마다 참되지 아니함이 없다. 시방세계는 한 참된 성품바다로써 큰 지혜가 원만하고 두루하여 국토의 경계는 온통 성품바다가 되나니

282 온 마음 성품이 본래 깨끗하여 마치 허공과 같은 줄 관하면 바로 이것이 성품의 깨끗한 경계요 경계가 곧 국토이다.

283 뜻이 생각하는 법진으로 말미암아 생멸의 과보가 있는 처소로 돌아가 생멸의 변천을 받게 된다.

284 깨끗함이란 공하기 때문이요 내지 않기 때문이요 고요히 사라지기 때문에 깨끗함이라 한다. 만약

마음에 분별이 없으면 더러움과 깨끗함이 어찌
생기겠는가.

285 화엄경에 부처의 세계는 분별이 없어서 미움도
없고 사랑도 없거니와 다만 중생들의 마음을 따
라서 이렇게 보는 데에 다름이 있을 뿐이다.

286 참마음은 형상이 없고 묘한 체성은 모양이 끊어
졌다.

287 진여 실상 체성은 만 가지 변화의 영역에서 명합
된다. 종경의 안 또한 그와 같아서 법마다 거두
지 아니함이 없다.

288 화엄경에 부처는 법으로 몸을 삼나니 청정하기
마치 허공과 같다. 모양이 곧 모양 없음이니 허
공과 같다.

289 부처는 매우 깊은 참 법성에 머무르되 적멸하고
모양 없어 허공과 같으며 모양이 곧 모양 없음이
니 허공과는 어긋나지 않기 때문이다.

작용은 곧 고요하고 고요함이 바로 작용이다.

290 반야의 체성은 있는 것도 아니고 없는 것도 아니
며 공허하되 비침을 잃지 않고 비침이 공허를 잃
지 아니한다.

291 마음이 있으면 곧 속박되고 마음이 없으면 곧 해
탈이 되는 것이니 만약 마음을 분명히 요달하면
무엇이 속박하고 무엇이 해탈시키겠는가.

292 진리에 즉하면 본래가 공이요 무명이 아직 다하
지 못했기 때문에 실제이다.

293 마음의 본래 성품의 제 성품이 남이 없고 안이
없는 가운데서 모든 법을 세웠음을 분명히 알아
성품이 없는 마음을 관하고 성품이 없는 가르침
을 말하면 깨끗한 인연을 따르면서 성품이 없이
범부가 되대 가는 티끌만큼도 성품이 공한 도리
에서 벗어남을 보지 않으며 한 생각도 평등의 문
을 어기는 일이 없으리라.

294 온갖 법은 마침내 남이 없으며 모든 법은 성품이 없고 남이 없고 일으킴이 없고 나옴이 없다.

295 방거사 - 다만 있는 것 모두가 공일 뿐임을 알지 언정 부디 없는 것. 모두를 실체라고 하지 말라.

296 보리는 몸과 마음으로 얻을 수 없다. 집착하여 취하는 마음을 여의었기 때문이다.

297 만약 분명히 아는 이로서 곧 음의 몸이 본래 공하는 허망한마음이 모양 없음을 통달한 이에서라면 본래 공이기 때문에 법신은 항상 나타나고 모양이 없기 때문에 참마음은 이지러지지 아니한다.

298 오음이 곧 보리요 이것을 여의면 보리가 없다. 보리로써 보리를 구할 수 없고 보리로써 보리를 얻을 수도 없다.

299 문수보살 - 나는 보리를 구하지 아니한다. 왜냐하면 보리 그대로가 나요 내가 바로 보리이기 때문이다.

300 유마경 – 관하지 아니함이 보리이니 모든 반연을
여읜 까닭이다. 공한 그대로가 실상의 보리요 능
연의 마음 고요한 그대로가 제 성품의 보리이다.

301 보리는 누가 증득하게 됩니까. 만약 이름과 성과
시설과 말이 없으면 그가 증득하게 됩니다. 그의
마음은 남이 없어서 보리와 보리좌를 생각하지
아니하고 나타내는 마음과 소견의 마음 등이 없
으므로 위없는 바르고 평등한 보리를 증득하게
됩니다.
모든 법은 움직임이 없고 파괴할 수 없으며 섭수
할 수도 없고 마침내 비고 고요하기 때문입니다.

302 보리란 무엇을 말합니까.
묘길상보살 – 보리라고 말함은 언제 어디서나 온
갖 법안에 두루함은 마치 허공은 도무지 장애함
이 없고 때와 처소의 법에서 있지 않은 바가 없
는 것처럼 보리 또한 그러하여 장애가 없기 때문
에 온갖 때와 처소의 법안에 두루 있는 것이니 이
와 같은 보리가 가장 위없습니다.

303 온갖 법은 모두가 취할 수도 없고 버릴 수도 없
으며 이루어진 것도 없고 무너진 것도 없습니다.
온갖 법은 제 성품이 공하여 나와 내 것을 여의
고 허공계와 같으며 공이기 때문에 마치 곡두와
같고 마치 꿈과 같으며 대할 수도 없고 견줄 수
도 없거늘 어찌 그것에 분별의 마음을 일으킬 수
있겠습니까.

304 깨달음의 법의 제 성품은 모든 분별을 여의었나
니 보리이기 때문이다. 능소가 다한 곳을 큰 깨
달음이라 한다.

305 경에 보리 마음이란 있는 것도 아니요 짓는 것도
아니어서 문자를 떠났으며 보리가 곧 이 마음이
요 마음밖엔 보리가 없는 것이니 구할 바가 무엇
이며 보리 밖에는 마음이 없거니; 얻을 바가 무
엇인가.

306 화엄경에 온갖 법에 모양 없음이 바로 모양이요
모양이 바로 모양 없음이며 분별없음이 바로 분
별이요 있음 아닌 것이 바로 있음이요 있음이 바

로 있음 아니며 지음 없는 것이 바로 지음이요 지음이 바로 지음 없는 것이며 설명 아님이 바로 설명이요 설명이 바로 설명이 아닌 불가사의함을 알면 마음과 보리 등을 알고 보리와 마음 등이며 마음보리 중생 등을 아느니라.

307 마음의 법은 미묘하기 때문에 그 체성 바로 그것이니 만약 밖을 향해 멀리서 구하면 참된 도를 잃으리라.

308 온갖 중생이 바로 보리의 모양이어서 일체중생이 마침내는 고요히 사라져서 그대로가 열반의 모양이요 다시는 사라지지 않는다. 모든 부처님의 체성이 바로 일체중생들의 五음의 체성이니라. 五음을 깨달으면 보리를 깨닫는 것이니 五음을 여의고서 보리를 얻는 것이 아니다.

309 보리란 마음의 평등이라 하나니 일어나는 바가 없기 때문이다. 보살은 빛깔을 무너트리지 않고 보리 마음을 내어 행하며 빛깔을 아는 것이 곧 보리이니 이것을 보리를 행함이라 한다. 여여한 모

양에 평등하게 들어서 모든 법의 성품을 무너트리지 않나니 이것을 보리의 행함이라 한다. 이 보리의 이치 가운데는 보리가 없는 것이며 바른 행의 첫째가는 이치야말로 이것을 행함이라 한다.

310 만약 보리는 모양이 없어서 취할 수도 없고 성품이 없어서 닦을 수도 없음을 잘 믿어서 이렇게 분명히 통달하면 바로 이것이 참된 증득이다. 온갖 법은 빛깔과 행상이 없고 샘이 없고 볼 수 없고 증득하여 앎이 없다손 치더라도 역시 증득함이 없지 않다는 것을 안다.

311 정명경에 적멸이 이는 보리이니 모든 모양을 여의었기 때문이다.

312 고요함과 비춤에 둘이 없으므로 보리의 모양을 삼나니 마치 밝은 거울에 마음없음을 체성으로 삼고 비추어 줌을 작용으로 삼아 그를 합쳐 그의 모양으로 삼는 것과 같다. 체성에 즉한 작용이라 스스로 알고 작용에 즉한 체성이라 항상 고요한 것이니 앎과 고요함이 둘이 아니며 마음의 모양이다.

313 생각이 있으면 중생이요 생각이 없으면 바로 부처이다. 생각은 본래 생각이 없는 것인줄 알라. 부처는 생각이 없음을 얻은지라 생각은 본래 생각 없는 것인줄 안다.

중생은 생각이 공한 줄 모르고 생각에서 일을 이룩하므로 차별이 있으나 만약 진실로 생각이 공임을 분명히 알면 괴롭거나 즐거운 경계에서 받아들여 느낌을 내지 아니한다. 왜냐하면 경계는 생각으로부터 생기기 때문이다.

마음이 공하면 경계가 어떻게 있겠으며 이미 경계가 없으면 서로 얽힘이 저절로 제거된다. 능소가 다함께 공하면 누가 취착을 내겠으며 이미 취착하지 않으면 생사가 저절로 없다. 이것이 허공 꽃 임을 알면 곧 유전이 없고 몸과 마음으로도 저 생사를 받음이 없다.

314 세속을 버리지도 아니하고 진리를 여의지도 않으면서 법계에 의하여 보리의 행을 행한다.

315 바로 지금 생각생각마다 머무르지 않는 이것이 현재의 부처이다. 한 생각이 일어날 적에 집착하

지도 말고 끊지도 말며 취하지도 아니하고 버리지도 아니하면 과거 현재 미래 세상의 자취조차 없다.

316 부처가 이 마음이요 이 마음이 부처이며 생각생각이 부처의 마음이요 마음마음마다 부처이다. 깨끗한 마음이 그대로 부처라 이 심왕을 제외하고 다시는 따로 부처가 없다.

317 실로 얻을 수 없다면 그 또한 볼 수 없는 것입니다 라는 문수보살의 법문하에 四백 비구는 샘이 다하는 과위를 얻었다. 보는 것이 없는 이것이 참으로 보는 것이요 듣는 것이 없는 이것이 참으로 듣는 것이며 보지도 아니하고 듣지도 아니하는 문수가 바로 참으로 보고 참으로 듣는 문수이다.

318 온갖 법은 모두가 없다. 무엇으로 체성을 삼는가. 공으로 체성을 삼는다. 만약 공을 증득하면 바로 진여의 공을 믿음으로써 온갖 법의 성품이 고요하여 지기 때문이다.

319 여래라 함은 바로 허공계이니 이 때문에 허공은 바로 이것이 여래이며 이 가운데서는 한 물건도 분별할만한 것이 없다. 경에 여래란 온 바도 없고 가는 바도 없기 때문에 여래라 한다.

그렇다면 여섯 감관으로부터 대하는 바가 제성품의 여여한 부처를 보는 것이 아님이 없다. 이것은 보지 않는 것으로 참으로 보는 것을 삼으며 진실을 보는 것으로 참 부처를 삼는다.

320 만일 참마음을 분명하게 알면 저절로 무심하게 도에 합할 것이요 도에 합하면 말의 길조차 끊어지고 무심하게 되면 경계와 지혜가 다함께 쉰다.

321 사익경에 아뇩다라삼보리의 성품이 바로 이는 일체중생의 성품이며 일체중생의 성품이 바로 이는 곡두의 성품이며 곡두의 성품이 바로 이는 온갖 법의 성품이며 곡두의 성품에는 이로움과 해로움을 보지 않는다.

322 온갖 보살은 모두가 얻을 바 없음으로써 방편을 삼아 한량없고 마음밖에는 법이 없기 때문에 비

로소 얻을 바 없음이 지혜를 얻는다.

323 바른 지혜란 이름과 모양이 본래 비고 고요한 것
인줄 깨달아 알고 공한 줄 알기 때문에 망상이
저절로 쉬며 망상이 쉬어지면 바른 지혜가 앞에
나타나서 이름과 모양이 성립되지 않기 때문에
바른 지혜라고 하다.
마음과 경계를 분명히 알면 망상이 다시는 생기
지 아니한다.

324 종경 안에 들면 범부 그대로가 성인이니 가위 번
뇌를 끊지 않으면서 열반에 들고 오욕을 끊지 않
으면서 모든 감관이 깨끗하여 지리라.

325 八지에 오른 보살만은 몸소 무생법인을 증득하여
온갖 법은 마치 허공 성품과 같은 것으로 관하는
것과 같나니 이것은 오히려 점차로 무심을 증득
하게 된다.
이른바 대보살이란 八지 이상이다. 그러나 아직 마
음밖에 정토를 보는 것이니 지혜로 반연하는 도리
이기 때문에 스스로에 머무름이라 하지 못한다.

326 十지보살이라면 비록 마음밖에서 경계를 보지는 아니하나 오히려 물질과 마음의 두 습기가 있다.

327 종경에 들면 비로소 一승의 문안이라 비로소 계율을 지녔다 하고 비로소 도를 보았다고 한다.

328 지혜는 모두가 지음이 없고 행 또한 함이 없으며 옳고 옳는 도의 바람은 저절로 더욱 더 나아간다.

329 하나의 법이 온갖 법이요 온갖 법이 하나의 법이며 하나도 아니고 온갖 것도 아니어서 불가사의 하다. 이 도리를 원만하게 믿고 이해함을 일으켜 한마음 속에 十법계가 갖추어져 있음은 마치 한 티끌에 대천의 경책이 있는 것과 같은 줄 믿는 것이니 이 마음 도리에 확연하고자 하면서 원만한 행을 닦는다.

330 마음은 언제나 고요하고 항상 비춤을 알아서 고요하고 비추는 마음으로 온갖 법을 깨트리면 곧 공이요 가요 중이다.

331 범부는 부처에게만 부동지 등이 있음을 믿을뿐이
요 제 마음이 바로 근본의 부동지불로서 부처와
다름이 없음을 스스로 믿지 않는다. 제 마음으로
분별하는 성품이 바로 법계 성품 안에 근본의 부
동지불이요 금색세계가 바로 제 마음의 물들음이
없는 도리인줄 이렇게 곧장 믿어야 한다.

332 만약 능한 이라면 곧 번뇌에 있으면서도 보리를
이루고 온갖 세간의 법이 순전히 다 이는 부처의
법이다.

333 번뇌 쌓임의 진리가 불가사의 하여 곧 공이며 일
체 중생이 곧 보리요 모양이고 나고 죽음이 곧
공이기 때문에 참됨이며 일체 중생이 곧 큰 열반
이다.

334 생사 그대로가 열반인 줄 알면 정이라 하고 번뇌
그대로가 보리인줄 통달하면 혜라 하는 것이니
한마음속에 정혜를 교묘히 닦으면 온갖 행이 두
루 갖추어진다.

335 생사가 곧 열반임을 관하기 때문에 해탈을 증득하고 번뇌가 곧 보리이기 때문에 반야를 증득하며 이 두 가지가 둘이 아니면 법신을 증득하여한 몸이 한량없는 몸이다.

336 한 생각으로 두루 갖추고 하나의 티끌도 이지러지지 않으며 생각마다 진리를 증득하고 티끌마다체성에 명합되어 똑같이 상적광토에 살고 모두의이름은 비로자나이다. 무명이 본래 석가의 몸이다. 앉고 눕는 것이 도인줄 모르고 어찌 그리 빠르게 모진 고통 받는가.

337 실상의 체성이 두루하고 만상의 벌여 있는 것이반야 아님 없거늘 어찌 한 군데라도 문수가 있지않는데가 있겠는가. 비록 공이기는 하나 만행의법보배 더미를 두루 갖추기 때문에 보적이라고한다.

338 마음이 생기지 않음을 관하면 온갖 법이 생기지아니하고 반야가 미묘하게 생긴다. 온갖 법은 스스로 이름이 없나니 이름이 없는데도 이름이 있

는 것은 모두가 마음으로부터 일으키기 때문이니 마음이 곧 이름이다. 이렇게 이해할 수 있는 이면 바로 바르게 마음을 관하는 가운데서 온갖 보살과 부처님을 뵙는다.

339 보현관에 마음으로 마음 없음을 관하면 법이 법에 머무르지 아니하며 나의 마음이 스스로 공한지라 죄와 복의 주인이 없나니 바로 이것이 마음 없고 분별함이 없는지라. 바른 관이라 한다.

340 마음의 분별함이 다하지 아니하면 관한다한들 끝이 나지 않으리니 그러므로 경에서 이르기를 자성중생이 제도 되지 아니하면 나는 정각을 이루지 않으리라 했다. 하나의 법문 조차도 바른 관의 마음속에서 나타나지 아니함이 없다.

341 모든 부처와 일체 중생은 이 한마음 일뿐이요 다시는 따로의 법이 없어서 마음을 깨달으면 바로 그것이다. 이 한마음이 바로 부처일 뿐이라. 마음을 보면 바로 이것이 부처를 본 것이다. 부처가 곧 마음이요 마음이 곧 중생이며 중생이 곧 부처이다.

342 문수는 진공의 걸림없는 도리에 해당하고 보현은
모양을 여읨의 그지없는 행에 해당한다.
다만 마음이 없을 수 있으면 다만 마지막의 도 배
우는 사람이니 곧장 마음이 없지 아니하면 오랜 겁
동안 수행한다 하여도 끝내 도를 이루지 못하리라.
말이 떨어지자마자 스스로 본래의 법을 알아차림
만 같지 못하다. 이 법 그대로가 마음이요 마음 밖
에는 법이 없다. 모든 헤아림이 끊어졌기 때문에
말의 길이 끊어지고 생각가는 곳도 멸망하였다.

343 이 마음이 바로 본래 청정한 부처이다. 꿈틀거리
는 축생과 부처며 보살이 하나의 몸이다. 다만
명상과 분별 때문에 갖가지 업과 과보를 지었을
뿐이다. 본래 부처 위에는 실로 하나의 물건도
없어서 휑하고 고요하며 밝고 미묘하여 편안하고
즐거울 따름이다.

344 다만 보고 듣고 깨닫고 앎에서 본래의 마음을 알
아 취할 뿐이다. 그러나 본래의 마음은 보고 듣
고 깨닫고 앎에 속하지 아니하고 또한 보고 듣고
깨닫고 앎을 여의지도 않았다. 다만 보고 듣고

깨닫고 앎의 위에서 알음알이를 일으키지 말며
또한 보고 듣고 깨닫고 앎을 여의고서 마음을 찾
지도 말라.

즉하지도 아니하고 여의지도 아니하며 머물지도
아니하고 살지도 아니한다. 마음 위에 따로 하나
의 법으로써 증득할만하고 취할만한 것이 있다고
하면 마침내 마음을 가지고 마음을 찾는 것이니
마음이 곧 법이요 법 그대로가 마음임을 모름에
서이다.

마음을 가지고 다시는 마음을 구하지 말라. 천겁
을 지난다 하여도 끝내 얻는 날이 없으리라. 그
자리에서 마음이 없음만 같지 못하리니 이것이
본래의 법이다.

345 한 생각 마음의 깨끗함이 허공과 같은 줄로 관하
면 두 치우침의 착오와 속박의 장애받지 아니한
다. 평등한 큰 지혜의 머무름은 없고 붙음도 없
음을 출가라 한다.

346 향내로부터 법계에 들면 제 몸이 바로 중향세계이
며 자기 마음이 곧 향적여래이니 공덕이 한량없고

한마음이 원만하여진다. 이것에 깨쳐들면 어찌하여 바깥을 빌리며 구하겠는가. 내음의 계가 이미 그러한지라. 十八계도 그러하다. 온통 불성이 깃드는 자리요 모두가 도를 얻는 마당이다.

347 일체 유위의 모든 법은 꿈과 같고 환과 같고 거품과 같고 그림자와 같으며 번개와 같으며 아지랭이와 같으니 이와 같은 비유로써 불사를 짓기도 하고 허공으로 불사를 짓기도 하고 또한 청정한 불국토가 고요하여 말이 없고 설명이 없고 보임이 없고 알음이 없고 지음이 없고 함이 없음의 것으로 불사를 짓기도 하느니라.

348 모든 불국토의 땅이 약간이라도 있되 허공은 약간 조차도 있지 않은 것과 같이 모든 부처의 육신은 약간이라도 있되 그 걸림없는 지혜는 약간 조차도 없느니라.

349 화엄경에 구족 우바이 보살은 그지없는 복덕 갈무리 해탈문을 얻었는지라 작은 그릇의 음식으로

모든 중생의 원하고 구하는 무량한 부처세계의 작은 티끌 수 같은 세계 안에 있는 일생소계의 보살들이 나의 밥을 먹고 나서 모두가 보리수 정각을 이루었다.

또 명지 대사는 뜻대로 내는 복덕의 갈무리 해탈문을 얻고서는 허공을 쳐다보며 많은 대중이 바라는 대로 모두 공중으로부터 내려 만족케 하였고 설법으로 모두를 발심케 하였다.

350 한마음의 지혜 광명을 만나면 온갖 번뇌가 다 녹아 없어진다. 환한 광명이라 함은 대경과 법계와 진여의 현상과 본체를 보는 때에 환히 알아서 분명한 것이니 이것이 바로 지혜 광명의 비춤이다. 만일 지혜광명이 없으면 본체와 현상이 드러나지 아니한다.

351 허공장보살 - 나의 몸이 바로 허공이며 허공으로 온갖법을 증득하여 알고 허공의 도장으로 인가받았기 때문입니다. 허공장보살은 허공창고로 온갖 유정에게 보물과 음식과 의복을 비내려 다 충족시켜 다함이 없네.

352 번뇌는 바로 도량이다. 생사를 움직이지 않으면서 바로 도이기 때문이다. 이 도리를 환히 알기만 하면 가히 악마의 자취에 당해서도 부처의지취를 밟고 세속의 흐름에 있으면서 법의 흐름에 떠 있으리니 자기 마음을 알기만 하면 뭇 미묘함이 널리 모인다.

고로 한 티끌 한 털구멍도 도량에서 평등하다. 입법계품에서 하나의 털구멍에서 온갖 부처의 미묘한 법음이 나온다고 했다.

모든 보배 그물이 닿고 비비면서 부처의 음성이 언제나 안 그치네. 부처가 설법하고 보살이 설법하며 세계가 설법하고 중생이 설법하며 과거 현재 미래 세상의 온갖 것이 다 설법한다.

353 경에 중생이 생사에 유전하여 참된 도를 못 얻는 까닭은 진실로 마음 근원을 알지 못해서이다.
만일 마음 근원을 알면 삿된 집착을 버리고 바른 도에 돌아갈 수 있다.

354 온갖 중생들의 식심은 한 찰나 동안에 시방에 두루 이르면서 빨리도 어리석음이 없이 곧장 석벽

을 뚫으며 닿는데 마다 두려워함이 없음이 마치
사자와 같기 때문이다.

355 법계의 한마음은 시방을 넣어 덮으면서도 실터럭
만큼도 드러내지 아니한다.

356 한마음을 분명히 알면 밖의 경계가 없어서 눈은
빛깔에 빼앗기지 아니하고 내지 뜻은 법에 빼앗
기지 아니하여 이내 이곳에서 해탈한다.

357 경에 빛깔도 열반이요 느낌 생각 지어감과 의식
도 열반이니 이 안에서도 역시 그러하여 빛깔도
법화요 느낌 생각 지어감 의식도 법화이다. 빛깔
은 물들고 깨끗함이 아니고 빛깔이 나면 반야도
난다.
빛깔의 성품이 공허하고 은미하므로 미묘함이라
하고 빛깔의 성품은 거짓을 여읜지라 법이라 하
며 빛깔은 때 물음이 없으므로 연화에다 비유하
고 문자는 성품이 공한지라 그를 일컬어 경이라
한다.

358 마음을 깨치면 이치가 드러나서 본래가 공임을 통달하리니 바로 이것이 부처의 지견을 깨치는 것이며 하나의 빛깔이 고요히 사라지면 온갖 빛깔도 역시 그러하고 온갖 소리도 역시 그러하리니 바로 이것이 시방의 부처가 똑같이 법화를 말씀한 까닭이다.

모든 법은 본래부터 언제나 스스로 고요히 사라진 모양이다. 고로 부처의 제자들이 고요히 사라짐의 도를 행하면 바로 그것이 부처이다.

359 모든 부처의 해탈은 마땅히 중생의 심행 가운데서 구해야 한다. 번뇌를 끊지 않으면서 열반에 든다.

360 왜 자기 성품을 보지 못하는가 하면 나라는 상이 있기 때문이다. 나가 없으면 바로 성품을 보며 인공과 법공을 알면 참마음이 저절로 나타나리니 바로 이것이 깨끗한 몸이다.

361 수능엄경에 모든 법이 나타나는 바는 마음만으로 나타나는 바다. 마음이 만일 일어나지 않으면 만

가지 법은 남이 없다.

곧 마음은 온갖 처소에 두루하여 온갖 처소는 마음이 두루하다. 이렇게 통달하여 알면 제 종에 단박 들어간다.

362 만일 모든 모양이 모양이 아닌 줄로 보면 곧 여래를 보는 것이다. 만일 모양이 곧 모양 없음으로 분명히 알면 마음일 뿐이라는 큰 깨달음을 이룬다.

363 만일 실로 성품을 보면 마음과 경계가 절로 텅비면서 자취를 숨기고 빛을 감추며 몰래 행하고 은밀히 쓰게 된다.

364 진여 밖에는 마음이 없으므로 마음은 진여와 다르지 않고 마음 밖에 진여가 없으므로 진여는 마음과 다르지 않다. 그러므로 진여와 마음이 소멸되고 같아지는 법계가 광대하면서 동요하지 아니함은 다르지 않기 때문이다.

365 만 가지 경계가 비록 공했다 하더라도 무심과 계

합될 수 있어야 하고 입으로는 아무리 공을 말한다고 할지라도 행이 존재 안에 있으면 안 된다. 경계와 지혜가 상응하고 주관과 객관이 명합되어야 속박에서 풀리고 무생인을 따르게 될 뿐이다.

366 마음으로 분별하지 아니하면 모두가 도 아님이 없거늘 어찌 악마의 경계를 버리고 부처의 경계를 구하겠는가.
만일 종경에 들어가면 분별이 저절로 없어질 것이다. 이미 능히 증득한다는 마음이 없으므로 증득할 바의 이치 또한 없다.

367 이미 식일 뿐이므로 앞의 소멸된 사람도 없는데 뒤의 五음이 어떻게 생기는 것인가.

368 마음은 마치 그림 그리는 이와 같아서 갖가지 五음을 그려낸다고 한 것에 의한다면 온갖 세간 안의 것은 마음으로부터 짓지 아니함이 없다.

369 모두가 아지랑이요 꼭두각시요 메아리며 허깨비와 같아서 다 얻을 수 없다.

370 여래장 – 생기기도 하고 소멸하기도 한다고 한 이것은 여래장 이것이 곧 진여이어서 인연을 따르기 때문에 괴로움과 즐거움 따위를 받게 된다.

371 고통 그대로가 열반이므로 사라짐이 진리 멸제라 하고 미혹 그대로가 보리이므로 도의 진리 도제 라고 한다. 일심은 지음 없는 四제를 갖춘 것이 니 한 생각의 마음 속에 十계의 미혹을 갖추었으 나 그대로가 진리와 다름없으므로 집제이다.

372 경에 생사 그대로가 열반이다 라고 하셨으므로 범부의 법이 바로 참법이므로 모름지기 범부를 버리고 성인을 향하지 마라. 번뇌는 본래 공한 것 이어서 도와 다르지 않기 때문이다.

373 五음 十二입이 모두 진여라 버릴만한 괴로움이 없고 무명 진로가 바로 보리라 끊을만한 쌓임이 없으며 치우치고 삿됨이 다 중도요 바른 것이어 서 닦을만한 도가 없고 생사 그대로가 열반이라. 증득할만한 사라짐이 없다. 괴로움도 없고 쌓임 도 없기 때문에 출세간이 없다. 순일한 참모습

실상뿐이니 참모습 실상 외엔 다시는 다른 법이
없다.

374 문수도행경에 만일 온갖 모든 법은 일어남이 없
다고 보면 곧 괴로움의 진리를 알고 만일 온갖
모든 법은 머무름이 없다고 보면 곧 쌓임을 끊을
수가 있으며 만일 온갖 모든 법은 열반이라고 보
면 곧 사라짐을 증득할 수 있다.
문수사리야 만일 온갖 법은 자체가 없다고 보면
이것이 곧 도를 닦는 것이다.

375 무릇 한 생각 무명의 마음이 진여의 바다를 쳐
움직여서 十二연기를 이루고 생사의 근원을 짓는
다. 만일 이것을 분명히 알면 부처의 지혜바다의
물결이 되지만 그것에 어두우면 나고 죽는 강의
여울이 된다.

376 천진한 부처의 지혜는 본래부터 존재하고 망령된
연의 생사는 그 체성이 공하다. 무명의 참성품을
알면 열반의 묘한 마음을 이룬다.

377 취하는 것은 번뇌의 길이요 지어감과 존재는 업의 길이며 의식과 이름 명색 감관 닿임 느낌 생사 늙고 죽음은 괴로움의 길이다.

378 생사 자체가 없으므로 온전히 이것은 여래장이다.

379 하나와 여럿은 상즉하여 결국 하나도 아니고 여럿도 아니다.

380 경계를 보지 않으면 지어감의 갈래가 사라지고 한 모양도 보지 않으면 십이인연의 공을 보지 않으며 보는 것을 보지 않으면 인연의 가를 보지 않고 진제와 속제가 모두 없어지고 두 진리가 모두 사라지면 역시 중도 보지 않게 된다.

381 열반경에 명과 무명을 어리석은 사람은 둘로 삼으나 지혜로운 이는 분명히 통달했으므로 그 성품을 하나로 본다. 둘이 아닌 성품 그것이 곧 참성품이다.

382 이 모두는 최초에 한 법계를 미혹했기 때문에 모

르는 결에 생각이 일어나며 생각이 일어나는 바로 이것이 움직임의 모양이니 움직임의 모양 이것이 첫 번째 업식이다.

383 성각은 묘하게 밝고 본각은 밝고 묘하다. 성품이 밝은 것을 일컬어 각이라 한다. 밝음이 없으면 각의 맑고 밝은 성품이 아니니라.

384 십이유생의 본각인 묘하에 밝은 각의 원만한 심체는 시방의 모든 부처님과 더불어 들도 아니고 다름이 없건만 너의 허망된 생각으로 진리에 미혹한 탓에 허물이 되어 어리석음과 애욕이 발생했다. 발생해서는 두루 미혹하기 때문에 허공의 성품이 있게 되었으며 변화하여 헷갈림이 쉬지 않으면서 세계가 생겼느니라.
시방의 작은 티끌 같은 세계가 헷갈리고 완악한 망상에서 벌어졌느니라. 저 허공이 너의 마음 속에서 생긴 것이 마치 한조각 구름이 맑은 허공에서 일어난 것과 같음을 알지니 하물며 모든 세계가 허공 안에 있는 것이겠느냐.

385 본래부터 스스로 묘하면서 항상 밝기 때문에 성
각이 묘하게 밝다고 한다. 성각 묘명 또는 본각
묘명이라고도 한다.

386 무릇 성인의 마음은 비고 고요하여 없다는 앎도
없다.

387 성인에게는 마음이 없는 마음과 보는 것이 없는
봄이 있을 뿐이어서 보는 것 없는 것이 바로 보
는 것이어서 온갖 법을 능히 보나니 보는 것이
없네. 온갖 것을 두루 알면서도 아는 바가 없다.

388 능가경에 하나하나의 모양마다 모든 본다고 하는
것을 멀리 여의어야 한다. 만일 모든 모양에서
항상 실상과 상응한다면 저절로 모든 허물이 멀
리 여의고 첫째가는 이치에 계합된다.

389 청정한 참마음은 환히 밝고 사무쳐서 염착이 없
으므로 현상에 즉하고 진여에 즉하여 유심으로
곧장 나아가면 그것이 곧 모든 부처님이 아는 바
의 실상이다.

390 밝음이 없으면 또 각의 맑고 밝은 성품이 아니다.

391 부처님의 열반은 관념을 여읜 열반이므로 열반은 없다고 하나니 깨달음과 깨달을 바를 멀리 여의었기 때문이다. 중생은 성품없는 성품을 모를 뿐이다.

392 만일 맨 처음 한 생각 일어난 곳이 진실이 아닌 줄 안다면 곧 전의 그릇됨을 단번에 깨쳐서 대도가 탄연함을 알게 되고 다시는 딴 일이 없게 된다.

393 무엇을 생사의 근본이라 합니까. 허공이 생사의 근원이니라. 당영은 현묘한 말씀을 듣고서 머무르지 않는 근본을 깨쳤다.

394 허공에는 근본이 없되 근본의 으뜸이며 변화의 모습에는 변화가 없되 온갖 변화의 곳집이니라.

395 모양의 공을 환히 앎으로 인하여 비로소 유식임을 말하게 된다. 만일 모양 없는 것만 고집하면 진공의 이치가 나타나지 아니한다. 모양없는 그

대로가 모양이어야 진공에 통달하고 모양 그대로 가 모양 없어야 비로소 유식이 설명된다.

396 유식의 도리는 세 가지로 밝히나니 첫째 바깥대 경은 실로 아무것도 없으며 둘째 모양과 보는 것 은 식일 뿐이며 셋째 갖가지 물질은 모습은 있고 자체는 없다.

397 만일 마음이 일어나지 아니하면 경계가 본래부터 공하기 때문이니 온갖 경계는 마음의 허망한 동 요일 뿐이다.

398 마치 영상이 거울의 밝음에서 나타나는 것과 같 아서 허망한 식으로부터 참된 지혜가 성립된다.

399 한마음 그대로가 만법이요 만법이 곧 한마음이 다. 진여가 있는 곳에서 생멸하지 않는 일이 없 고 일찍이 생멸이 있는 곳에서 진여되지 아니함 이 없다.

400 이해하는 것이 곧 지혜요 지혜가 곧 아는 것이며

아는 것이 곧 한마음이다. 고로 아는 것으로 마음의 체성을 삼는다.

401 없는 것 가운데 있다고 집착하나 물질은 본래 스스로 공허하다.

402 마음은 안과 바깥이 아니요 안과 바깥은 바로 마음이다. 능과 소가 서로 이루어지고 마음과 경계가 서로 껴잡는다. 둘이면서도 둘이 아니어서 언제나 한맛의 참된 근원에 명합되고 둘이 아니면서도 둘이어서 항상 마음과 경계의 거짓된 모양으로 나누어진다.

403 온갖 생각은 세간에 있어서 그물에 얽히는 줄 잘 관찰하라. 뭇 생각은 아지랑이 같아서 중생에게 거꾸로 알게 하나니 보살은 생각을 잘 알아서 온갖 뒤바뀜을 버리고 여의라. 세간의 갈래 모두 없나니 아지랑이 같다는 생각에 머무르면 마음과 경계 걸림 없으리.
만일 모든 생각 여의고 집착하는 생각들을 또한 여의면 모두가 해탈을 얻게 되리.

404 만일 종경에 들어서 나와 법이 모두 공하면 마음
　　과 경계가 저절로 없어지고 옳고 그름이 다 고요
　　하여져서 신령한 성품이 홀로서고 대대가 쫓는데
　　가 없으리니 이 모두는 근본을 깨치면서 이루어
　　지고 배워서 얻는 것도 아니다.

405 모든 법은 스스로가 생기지 않고 모두가 스스로
　　뒤바뀌어서 모양을 취하는 데서부터 있다는 것을
　　분명히 알기만 하면 마음과 경계가 본래 서로가
　　이르지 않으므로 그곳이 바로 해탈이요 하나하나
　　의 모든 법과 낱낱의 모든 마음이 그곳에서 고요
　　히 사라지며 그곳이 바로 도량임을 알 것이다.

406 모든 법은 마음이 근본이 되고 모든 법엔 마음이
　　주가 되나니 마음을 여의면 모든 법이 없으므로
　　마음뿐이요 몸과 입은 이름이다.

407 무릇 자기를 보고 남을 봄이 있는 것은 모두가
　　마음이 미혹되어 저절로 나타난 것이다. 남과 자
　　기는 모두가 자기로부터 생긴 줄 알아야 하리니
　　자기가 보는 마음을 여의고는 자기와 남이 없기

때문이다. 모두가 허망한 마음이 생김으로 말미암아 갖가지가 있고 마음이 소멸되기 때문에 갖가지가 없다.

이미 마음만으로 허망하게 나타난 줄을 아는지라. 마음은 마음을 보지 않으므로 곧 물건과 내가 함께 없어지고 근심과 기쁨이 모두 고요하다.

408 꿈에서 부린 욕심이 모두 거짓이듯이 생각을 따라 일으킬 뿐 실제 있는 것 아니다.

409 보살은 세간법의 온갖 것이 모두 꿈과 같아서 체성이 항상 고요히 사라진다.

모든 법은 분별이 없어서 꿈과 다르지 않은 마음과 같나니 과거 미래 현재의 모든 세간도 모두 그와 같다.

꿈 자체에는 생멸이 없고 또한 방소가 없는 것이니 삼세의 모든 것도 그와 같다고 보는 이라면 마음이 해탈한다.

꿈은 세간에 있지도 아니하고 세간 아닌 것에도 있지 않나니 이 두 가지에 분별하지 아니하면 지혜의 자리에 들게 되느니라.

꿈에 머물러서 안정된 이는 세간이 모두 꿈같은 줄 아나니 같은 것도 아니고 다른 것도 아니며 하나도 아니고 여러 가지도 아니다.
모두가 꿈 같은 줄 분명히 알면 세간과 더불어 또한 차별이 없다.

410 세간이 다 비고 고요한 줄 알면 세간법을 파괴하지 않나니 마치 꿈에서 본 바와 같이 삼라만상일세. 이것을 꿈과 같은 지혜라 하나니 이로 인하여 세간법을 알면 걸림없는 지혜를 빨리 이루어 모든 중생을 널리 제도하리.
이와 같은 행을 수행하여서 광대한 앎이 나오게 되면 모든 법의 성품 교묘히 알아서 법에 대한 마음에 집착 없으리라.

411 경계는 없되 마음이 있으면 경계가 문득 앞에 나타나고 경계는 있되 마음이 없으면 경계는 끝내 나타나지 않는다.
이 예로써 온갖 법이 다 그러한 것이므로 마음일 뿐임을 증험할 수 있으면 종경을 성취하는 것이다.

412 대보살의 경계이니 꿈은 마음일 뿐이어서 공도 아니고 존재도 아닌 줄 통달한다. 꿈속에서는 보게 되기 때문에 공한 것이 아니고 깨어난 뒤에는 고요하기 때문에 존재하는 것도 아니다.

413 모든 법이 없음을 일자다라니 법문이라 한다. 만일 이렇게 믿고 이해하여 알면 듣는 이는 들음도 없고 얻음도 없다.
마음과 경계가 둘이 아니라야 부처님이 말씀하신 경전을 듣는 것이니 이른바 참되게 듣는 것이라 한다.

414 자기 마음의 부처는 두루하지 않은 데가 없거늘 어찌 앞뒤에 나타났다 숨었다 함을 논하겠는가.

415 감관과 경계는 세속에서는 있되 진리에서는 없다.

416 바깥모양이 본래 공허해서 마치 요술이 하는 일과 같다고 알면 있는 것도 아니다. 없는 것이 아니면 세속 이치를 파괴하지 아니하고 있는 것이 아니면 참된 이치가 숨지 아니한다.

417 진리와 세속이 융즉하면서도 항상 다르고 공과 존재가 쌍으로 나타나면서도 항상 같아야 바야흐로 쓸모없는 의존이라는 뜻을 초월하고 비로소 한마음이라는 뜻이 계합된다.

418 온갖 법은 아는 것도 없고 보는 것도 없으며 짓는 것도 없고 움직이는 것도 없으며 붙잡을 수도 없고 생각으로나 말로는 할 수 없기 때문이니라. 마치 요술로 된 사람은 느낌도 없고 깨달음도 없고 진실도 없는 것과 같느니라. 보살마하살은 이와 같은 행으로 반야바라밀을 행하느니라.

419 마음과 경계는 모두 공하고 다 고요한 것이다.

420 진여로써 부처를 삼으면 경계마다 진여 아님이 없다. 모든 법의 진여가 곧 부처이다. 온갖법이 모두 진여이거늘 어느 법이 부처가 아니겠는가.

421 스스로 마음과 경계를 밝히기만하면 소견이 원융해지면서 집착하는 일이 문득 사라지게 된다. 소견이 없어지고 집착이 사라지면 온갖 만법은 본

래부터 부스럼이 없고 지혜와 경계는 환히 밝아
질 것이므로 부처의 국토라고 한다.

422 만법은 이름일 뿐이요 실로 체성이나 모양은 없
다. 이름으로 인하여 모양이 성립되었으므로 모
양은 원래부터 공이요 모양으로 인하여 이름을
지었으므로 이름은 본래부터 고요하다.
생각만으로 건립된 것이라 이름과 모양은 다함께
공허하나니 도리어 생각의 근원을 추궁해보면 역
시 이름일 뿐이므로 이미 생각 자체가 없는지라.
분별하는 것도 공이다.

423 능히 아는 모든 식에서 일어나므로 알바의 법
은 없는 것이니 알바 이것은 이름일 뿐이다.
생각만으로 있는 바라 이름을 여의면 따로의 뜻
이 없네.

424 이름으로써 법을 분별하므로 법은 이름에 알맞지
않나니 모든 법의 성품은 이와 같아서 분별에 머
무르지 아니하니라.

425 법이란 이름일 뿐이기 때문에 생각에는 곧 자체가 없나니 생각이 없으면 이름 또한 없거늘 어디에 분별이 있을 수 있겠는가.

426 만일 분별이 없게 된다면 몸과 마음 언제나 고요하리니 마치 나무가 불에 타고 나면 마침내 다시 나지 않는 것 같네.

427 등걸을 보면서 사람이라 여기고 사람을 보면서 등걸이라 여기듯 사람과 등걸을 두 가지로 분별함은 다만 이름만 있을 뿐일세.

428 모든 물질의 요소가 화합된 가운데서 분별하여 빛깔이라 여기나 만일 모든 물질 여의면 빛깔 성품은 곧 없으리.

429 만일 유식으로써 종을 삼는다면 세간출세간이 하나의 식일 뿐이므로 만법은 모두가 결정코 공이나 공이라는 고정관념을 갖지 않을 뿐이며 텅비었으나 텅비었다는 관념도 갖지 아니한다.

430 습기는 마음을 흐리게 하므로 범부는 어리석어
   알지 못하나 이 성품은 있는 것이 아니며 또한
   이것이 공한 것도 아니다.

431 비유하면 수미산 만큼이나 아견을 지어도 아직
   나쁜 것이 아니다. 교만하면서 공에 집착하면 차
   라리 수미산 만큼이나 유에 집착할지언정 겨자씨
   만큼이라도 공에 집착하지 말라.

432 대반열반경에 이르되 해탈이란 공하지 않되 공
   함을 말하며 공하고 공함이란 아무것도 없는 것
   이다.
   아무것도 없다면 이것이 외도 니건자들의 헤아린
   바 해탈인데 그러나 니건자들에게는 실로 해탈이
   없기 때문에 공공이라고 한다.
   참된 해탈이란 그렇지 않기 때문에 공하면서도
   공이 아니니 이 불공공이란 참된 해탈이며 곧 여
   래이다.

433 오음은 곧 세간이기 때문에 만일 오음이 모두 공
   한 줄 분명히 알면 이것이 출세간이다.

434 화엄경에 마음은 세간에 머무르고 세간은 마음에
머무르나니 여기에서 망령되이 일으키지 않으면
둘이로되 두 가지의 분별이 아니니라.

435 만일 자기 마음을 단번에 깨치면 곧장 종경에 들
어가서 오히려 분별이 없는 것도 보지 않겠거늘
어찌 특별히 분별을 내겠는가.

436 하나 둘이 아님을 분명히 알면 물듦도 아니요 깨
끗함도 아니며 뒤섞여 어지러움 또한 없나니 형
상이 끊어지며 식이 소멸되고 뜻이 녹는다.

437 무슨 경계를 증득하느냐하면 이른바 진여이다.
저 전식을 경계라고 말했으나 이를 증득한 이에
게는 경계는 없고 오직 진여지만 있으므로 법신
이라고 한다.

438 경계와 식이 다함께 없어지는 이것이 곧 참성품
이요 참성품 이것이 아마라식이다.

439 일 위에는 일이 없으므로 본래부터 모두 이는 마

음이니 생각이 일어나면 대경이 생기고 생각이 고요하면 대경이 사라진다. 온갖 물질인 법은 본래 이 마음뿐이어서 실로 바깥의 물질은 없다. 그러나 이미 바깥 물질이 없는지라 바깥 허공도 없으며 허공조차도 오히려 없거늘 물질이 어찌 있을 수 있겠는가.

440 보리는 지음이 없고 보리는 남이 없고 보리는 멸함이 없나니 보리의 성품으로써 보리를 깨닫는 것이 아니며 또 보리는 나타내는 바도 아니니라. 나타낼 수 없고 이끌어 움직일 수 없으므로 보리라 하느니라.

만일 어떤 이가 분별할 바 없는 것을 뒤바뀜없이 수순해서 깨달아 통달하면 분별이 영원히 끊어지리니 이러므로 보리 살타라 하느니라. 비록 이렇게 말하나 말과는 같지 않나니 무슨 까닭이겠느냐. 선용맹아 보리살타를 얻을 수 없는 것이기 때문이니라.

441 마계는 나로 말미암아 일어남이니 만약 보살이 나란 것을 알고 나없는 지혜를 얻어 곧 나의 청

정함을 알며 나의 청정함을 알기 때문에 온갖 법의 청정함을 알고 온갖 법의 청정함을 알기 때문에 모든 성품의 청정함이 허공과 같음을 안다면 이는 보살이 능히 마계를 벗어난다 하느니라.

442 세간도 있지 않거늘 하물며 세간 밖이겠느냐. 벗어난 바도 있지 않거늘 벗어나는 이가 있겠느냐. 그 까닭이 무엇이겠느냐. 세간과 세간 밖과 벗어나는 이와 벗어남을 도무지 얻을 수 없으므로 세간을 벗어난 반야라 하느니라.

443 반야바라밀다 진여 법계는 마치 허공과 같아서 형상도 없고 모양도 없이 시방세계에 두루하였으므로 있지 않은 곳이 없으며 허공이 모든 분별을 여읜 것 같이 심히 깊은 반야바라밀다도 분별의 마음이 없다.

444 만일 종경에 들면 저절로 모든 법은 상대가 끊어져서 근본의 참마음으로 돌아간다.

445 온갖 경계는 마음이 허망하게 일어날 뿐이니 만

일 마음에 허망한 동요를 여의면 온갖 경계가 소
멸한다. 하나의 참마음은 두루하지 않은 바가 없
을 뿐이다.

446 선남자야 마치 어떤 사람이 넓은 들판을 가다가
목이 마를 때에 우물을 만났는데 우물이 너무 깊
어서 물이 보이지 않았다해도 물은 반드시 있는
줄을 알지니 이 사람이 방편을 써서 두레박을 구
해다가 줄을 매서 깉고서야 물이 보이는 것처럼
불성 또한 그러하여서 모든 중생에게 비록 그것
이 있다 하더라도 반드시 샘이 없는 무루의 도를
닦고 쌓은 연후에야 보게 되느니라.

447 법마다 마음이 없고 티끌마다 본래 고요하여 고
요하면서도 항상 작용하고 작용하면서도 항상 고
요하다.

448 경계를 분명히 알면 이는 마음이거늘 만법이 어
찌 있겠는가. 마음에 의지하여 일어난 바라 일정
한 체성이 없으며 마치 모두 허깨비와 같아서 마
침내 고요히 사라진다.

449 화엄경에 이르되 세간의 갖가지 법은 모두 헛비
와 같나니 만일 그와 같다고 알 수 있다면 그의
마음은 동요될 바가 없다.

450 모든 법은 마음으로부터 생기므로 마음은 마치
헛개비와 같다고 말하나니 만일 이런 분별을 여
의게 되면 모든 존재와 갈래 두루 소멸되리.

451 모든 중생을 제도 해탈 하는 것. 법은 마치 허깨
비인줄 알게 함이니 중생은 허깨비와 다르지 않
으므로 허깨비인줄을 알면 중생은 없네.

452 요술로 된 온갖 경계라 깨달아 앎이 없고 또한
머무르는 바도 없어서 마침내 고요히 사라지는
모양이라. 다만 분별 따라 나타날 뿐이네.

453 보살도 능히 이렇게 하여 모든 세간을 널리 보되
있고 없음의 온갖법에 모두가 헛깨비인줄 분명히
통달하네.

454 중생과 그리고 국토라는 것. 갖가지 업으로 조작

된 바라 헛깨비와 같다는 이치에 들어가면 그것
에 의지하거나 집착함 없네.
이와 같은 교묘함 없게 된다면 적멸하여 쓸모없
는 의론 여의며 걸림없는 자리에 머물러서 큰위
력을 널리 나타내리.

455 온갖 과거 현재 미래가 헛깨비에 머무름임은 아
견 등의 뒤바뀐 지혜로 생겼기 때문이요. 모든
중생이 나고 없어지고 늙어가고 근심하고 슬퍼하
고 고뇌함이 모두 헛깨비의 머무름임은 허망한
분별로 생겼기 때문이다.

456 온갖 국토가 허깨비의 머무름임은 생각이 뒤바뀌
고 마음이 뒤바뀌고 소견이 뒤바뀐 무명으로 나
타났기 때문이요.

457 불성은 번뇌에 섞여 있으면서도 더럽지 아니하고
보리를 나타내면서도 깨끗하지 않나니 항상 머무
르면서도 변하지 않기 때문이다.

458 성품과 모양은 하나도 아니고 다른 것도 아니다.

459 생사를 따르지도 않고 열반에 머무르지도 아니함
    은 모두가 진여와 같고 한마음인 묘한 성품인 까
    닭이다.

460 작용에 즉한 체성으로는 당연히 비고 고요하며
    체성에 즉한 작용으로는 요연하게 깨닫고 안다.
    반연하는 생각은 원래부터 체성이 공하다. 비고
    고요함과 깨닫고 앎은 원래부터 변하지 않는다.

461 참모습의 본체에서 보면 성품이 법계에 두루하
    다. 참모습은 모양이 없기 때문에 볼 수 없지만
    만일 비추는 작용에서 보면 모양이 법에 두루하
    므로 역시 볼 수가 있다.
    비록 환하게 본다 하더라도 반드시 있는 것이 아
    니며 비록 보지 못한다 하더라도 반드시 없는 것
    은 아니다. 이야말로 모양이 없는 모양이며 관하
    지 않는 관이다.

462 모양 안에는 모양이 없는 줄 알아야 한다. 다만
    모양의 관 가운데서는 관이 없지 않고 만물을 체
    달하면 저절로 공허하다고 관하지 않을 뿐이다.

동일한 도의 청정이거늘 어찌 진실이라 고집하여 대경을 따르면서 능소의 단견과 상견을 짓는 것과 같겠는가.

463 종을 밝혀서 성품을 보았다면 육안이면서도 밝은 부처 눈이다. 지혜의 비춤으로써 눈을 삼기 때문이다.

464 일행삼매라 함은 한생각이 법계이기 때문이요 또한 금강삼매라고도 함은 언제나 기울거나 동요하지 않기 때문이며 또한 법성 삼매라고도 함은 항상 변하거나 고쳐짐이 없기 때문이다.

465 마음 이외에는 법이 없으며 첫째가는 이치에는 움직임이 없다.

466 번뇌가 실상과 같음을 알더라도 실상과 같은 번뇌를 끊는다.

467 참마음 실상은 동요하지 않기 때문에 삼매왕이라 일컫는다. 온갖 만법과 만행을 통솔하기 때문에

왕이라 이름 붙인 것 뿐이다.

468 성을 내는 성품은 본래로 고요하고 성을 내는 그것이 그대로 실체요 진여에 의지하여 일어나나니 여여한 법계임을 분명히 아는 이것을 이름하여 진삼매라 한다.

469 자기 마음에서 나타나는 경계의 성품이 제 성품이 아닌 줄 안다. 이것을 삼매의 즐거움으로 바르게 받아들이는 의생신이라고 한다. 그러므로 알아야 한다. 경계가 곧 마음이니 한 물건도 없음을 분명히 알면 본래의 고요함에 계합되고 마음바다가 언제나 편안해져서 분별이 일어나지 않는다. 이것이 곧 바르게 받아들임이다.

470 무명으로 뒤바뀐 그것이 참모습의 진실임을 체득하므로 진리를 체득한 "지"라 한다. 이와 같이 참모습이 온갖 처소에 두루하여 인연따라 경계를 지나면서 마음이 편안하며 동요하지 않으므로 인연을 따르는 방편의 지라 한다.
생사열반과 고요한 산란이 모두 쉬므로 두 가지

치우침을 쉬는 "지"라 한다.

471 온갖 가는 모두 이것은 공인지라 공 그대로가
참모습임을 나타내므로 공에 들어가는 관이라
한다.

472 낱낱 마음속에 온갖 티끌이요 낱낱의 티끌 속에
온갖 마음일세.

473 상근기는 한번 관할 적에 이리저리 다쳐잡아 모
습 없음을 알므로 뭇 모양이 뚜렷해진다.

474 진여 밖에는 원래 마음이 없고 마음 밖에는 진여
가 없으며 진여 밖에는 마음이 없는 지라 마음은
진여와 다르지 않다. 그러므로 진여와 마음이 소
멸하면서 법계와 같아지고 광대하여 동요하지 않
는다. 다르지 않으므로 바깥에서 추구하는 일을
쉰다.

475 만일 여래의 적멸을 따를 수 있다면 실로 적멸도
없고 적멸하게 하는 이도 없으리라.

476 선남자야 모든 중생이 끝없는 예로부터 허망하게
도 나라고 하는 생각과 나를 사랑하는 마음으로
말미암아 생각 생각마다 생멸하는 줄을 전혀 몰
랐느니라.

477 어떤 사람이 번거로운 번뇌가 영원히 끊어져서
법계가 청정해졌으나 그 청정하다는 견해가 장애
가 되어 원각에 자재하지 못하니 이것이 범부가
원각의 성품에 따르는 것이라 하느니라.

478 선남자야 모든 보살이 장애되는 줄을 알고서 비
록 아는 장애를 끊기는 했으나 아직도 깨달음을
보려는 경지에 머물러 깨달으려는 장애에 걸리어
자재하지 못하고 있느니라. 이는 보살로써 십지
에 들지 못한 이가 원각의 성품에 따르는 것이라
하느니라.

479 선남자야 비춤이 있고 깨달음이 있으면 모두를
장애라고 하느니라. 그러므로 보살은 항상 머무
르지 않음을 깨달아 비출 것과 비추는 것을 동시
에 적멸하게 하느니라.

480 달을 보고 나면 가리키는 손가락은 끝내 달이 아
님을 분명히 알 듯이 모든 여래의 갖가지 가르침
으로 보살들을 깨우치는 것도 이와 같느니라. 이
것을 보살로써 이미 십지에 오른 이가 원각의 성
품을 따르는 것이라 하느니라.

481 선남자야 온갖 장애가 곧 구경각이니라. 생각을
얻거나 잃거나 해탈 아닌 것이 없고 이루어지는
법과 파괴되는 법을 모두 열반이라 하느니라.
지혜와 어리석음을 통틀어 반야요 보살이나 외도
가 성취한 법은 다같이 보리이며 무명과 진여는
딴 경계가 아니요
계정혜와 탐냄 성냄 어리석음이 모두 밝은 행
이며 중생과 국토가 동일한 법성이요 지옥과
천당은 모두가 정토이여 성품이 있거나 없거나
똑같이 불도를 이루고 온갖 번뇌가 마침내 해탈
이니라.
법계의 바다같은 지혜로 모든 모양을 비추어 아
는 것이 마치 허공의 꽃과 같나니 이것을 여래가
원각의 성품에 따르는 것이라 하느니라.
선남자야 보살과 말세 중생들이 온갖 세월을 보

내면서 허망한 생각을 일으키지도 않고 허망한 마음을 쉬어 없애려 하지도 않고 허망한 생각의 경계속에 있으면서 더 환히 알려고도 하지 않고 알지 못하는 것에 대해 진실을 가리려고도 하지 않는다.
저 중생들이 이런 법문을 듣고서 믿고 이해하고 받아 지니어 놀라지 아니하면 이것을 원각성품에 따르는 것이라 하느니라.

482 마음과 경계가 모두 비었으므로 마침내 얻는 것은 없다. 허망한 모든 마음을 쉬어 없애려 하지 않는다.

483 허망하게 생각하는 안팎의 모든 경계는 모두 공이거늘 어찌 억지로 분별을 낼 필요가 있겠는가. 취하지도 않고 버리지도 않으면 미묘한 선정과 상응하게 된다.

484 분별이 없는 것에도 머무르지 않으면 진실도 아니고 거짓도 아니어서 마음이 붙은데가 없으면 근본을 얻는 바른 종이요 근원으로 돌아가는 묘

한 성품이라는 것이다.

485 보살의 닦는 바 하나의 바라밀과 하나의 행위가 모두 진여요 한마음인 법성의 도리를 따르는 것임을 알아야 한다. 이것은 제성품 외에 따로 닦는 바가 있는 것이 아니니 마음 성품을 따르기 때문이다.

486 온갖 법은 분별식으로부터 생기고 만일 분별식이 공함을 알면 모든 법의 적멸함을 알리라. 생기거나 소멸하거나 함이 모두 분별인데 분별이 없어지면 법도 생멸하지 않는다.

487 만일 온갖 법이 곧 자기 마음의 성품임을 통달한다면 마음밖에 법이 없고 성품이 포함되지 아니함이 없다. 마치 허공은 온갖 곳에 두루함과 같나니 곧 온갖 법은 참모습 실상 아님이 없다.

488 온갖 법에는 생김도 없고 소멸도 없으며 본래 고요하여 한마음일 뿐이다. 적멸이 곧 한마음이다.

489 꼭 차 있어서 허공과도 같지 않고 이미 둘이 아니라면 어찌 하나가 있겠는가. 하나도 있는 것이 아니거늘 무엇에 나아가서 마음이라 하는가. 생각과 분별과 아상이 끊겼거늘 어째서 억지로 하나의 마음이라 하는가?

490 온갖 모든 법이 하나의 진여일 뿐이요 하나의 진여가 온갖 법을 만든 것일 뿐이다.

491 삼계가 하나의 마음일 뿐이라 함은 첫째가는 이치인 제일의제이다.

492 온갖 법이 하나의 진여일 뿐이라 모양이 다르다 한 것은 하나의 진여만으로 온갖 법을 만든다는 것이다. 고로 그밖의 법은 없다.

493 하나의 모양임을 잘 깨달은 그것이 모양없는 무상법이니라. 하나의 모양인 문에 의지하여 모든 중생은 본래 항상 머물러서 열반과 보리의 법에 들어가되 닦을 수 있는 모양도 아니고 지을 수 있는 모양도 아니며 마침내 얻을 것도 없느니라.

지혜의 색은 볼 수 없기 때문이니라.

494 본제와 현상이 원만히 통하고 진리와 세속이 걸림없다.

495 비록 갖가지가 있더라도 생멸함이 없으며 비록 생멸하지 않는다 하더라도 항상 온갖 것에 걸림이 없이 인연을 따른다. 인연을 따르되 변하지 않는 것이 진여의 이치이다.

496 생멸 문으로부터 들어가 곧장 도량에 이르를 뿐이다. 진로에서 꼼짝 않고서도 정각을 이룬다.

497 거칠거나 미세하거나 온갖 경계들은 허망한 마음으로 분별하는 영상일뿐이어서 실로 있는 바가 없다는 것을 말한다.

498 무명으로 헷갈렸기 때문에 마음이 움직인다고 여기나 실로 움직이지 않는다. 만일 움직이는 마음 그대로가 생멸하지 않는 것인줄 알면 이내 진여의 문에 들어가게 된다.

499 법성은 본래 성품이 없어서 으뜸가는 이치는 공하고 여여하나니 모든 존재는 헛되이 있는 법이요 세 가지 거짓이 모인 까닭이니라. 이치 없음도 없는 진실한 없음이 고요히 사라진 승의공이니라. 모든 법은 인연으로 있게 되지만 있다 없다 하는 이치도 이와 같느니라.

500 깨달은 앎으로는 언제나 저절로 하나로되 이치에선 언제나 스스로 둘이니 이 하나의 둘을 분명히 통달하면 참으로 으뜸가는 이치에 드느니라.

501 현상이면서도 본체요 본체이면서 현상이다.

502 온갖 법 그대로가 한마음 진여이다. 모든 법은 이미 없기 때문에 마음일 뿐이다. 삼라만상이 본래 공하여 하나의 거울에 비춰진 모습뿐인 것과 같다.

503 묘하게 밝은 참마음은 온갖 처소에 두루하다.

504 진여는 조그마한 부분도 깨달음 아닌 것이 없다.

505 진여는 온갖 유정무정의 처소에 두루하기 때문이다. 성품은 있지 않은 데가 없고 크기는 허공보다 더 뛰어나거늘 어찌 없앨 수 있겠는가.

506 깨닫는 성품 이것은 본체요 깨달아 앎은 바로 현상에 속한 것이다.

507 마음은 처소가 없고 청정하여 위가 없으므로 일어나는 곳도 없고 청정하여 움직임도 없고 인연의 구별도 없나니 성품이 모두 비고 고요하느니라.

508 한 생각이 공한 줄 알면 모든 대경은 저절로 파괴되어 의지할 바가 이미 있지 않거늘 능히 의지함이 어떻게 생길 수 있겠는가.

509 삼계는 유심이다.

510 경계가 유식임을 통달하지 못한지라 갖가지 분별을 일으키게 되지만 경계가 유식임을 통달하고 나면 분별은 이내 생기지 아니한다.
만일 경계가 유심임을 알면 바깥경계의 모양을

버리리니 이로부터 분별을 쉬게 된다면 평등한 진공을 깨치게 되리라. 경계와 식이 모두 없어져 버리면 바로 이것이 진실한 성품이니 곧 아마라 식이다.

작은 털끝만큼이라도 있다고 보는 것은 모두 식에 속한 것이므로 경계와 식이 모두 없어져야 진공의 도리에 들어간다.

모양 없음의 대승은 마음과 경계가 모두 공하여 평등한 한맛이라고 했나니 참으로 분명한 이치이다.

511 경계가 있다고 고집하는 것을 없애버리기 위하여 식이 있을 뿐이라고 말하나 만일 유식이 진실로 있다고 고집한다면 마치 바깥경계를 고집한 것과 같아서 역시 이것은 법집이다. 만일 법집이 생기지 아니하면 곧 진공에 들어가게 된다.

512 사람이나 법이 모두 공한지라 유식이요 경계는 없기 때문에 바깥 공이라고 한다. 경계가 없기 때문에 식도 없나니 바로 이것이 안의 공이다.

513 온갖 앞의 대경에서 나타나는 모든 법은 모두 생

각에 따라서 이르게 되고 다 생각에 상대하면서 생기는 것이니 생각이 쉬면 경계도 공하고 뜻이 비면 법도 고요하다. 고로 공인 줄 알고 보는 이면 온갖 것에 생각이 없게 된다.

514 존재 그대로가 온전히 공이라야 물들음의 갈래라 하고 공 그대로가 온전히 존재라야 깨끗함의 갈래이니 공과 존재가 걸림이 없으므로 말미암아 물듦과 깨끗함이 자재하게 된다.

515 마음 이외에는 경계도 없고 경계 이외에는 마음도 없다. 마음은 곧 경계의 마음이요 경계는 곧 마음의 경계이기 때문에 이렇게 녹아 어울리거늘 어찌 반야가 아니겠는가.

516 만일 빛깔에서부터 식에 이르기까지 아는 것도 아니고 보는 것도 아니라면 이것을 반야바라밀이라 한다.

517 마음은 곧 나의 몸이요 몸은 곧 허공이다. 법성은 곧 허공이요 허공의 성품도 공과 같다.

518 마음에 생각함이 있으면 생사를 이루지만 마음에 생각함이 없으면 바로 이것이 열반이다. 모든 법은 진실이 아니고 생각하는 인연으로 생기는 것이다. 생각할 바가 이미 고요해지면 능히 생각하는 것 역시 공하다고 하느니라.

519 제 성품은 없다. 제 성품이 허공이요 허공이 곧 진공이요 진공이 곧 본각이다.

520 만일 거짓이 제거되면 공한 모양도 없고 모양이라는 모양도 없고 짓는 모양도 없다.

521 만일 생각을 여의면 곧 차별이 없는 것이다.

522 집착한 바는 본래가 공이기 때문에 마음은 동요되지 않는다. 이로 말미암아 온갖 법은 다 그대로가 진여이다.

523 한마음이란 곧 모든 법의 참 모습이요 모든 법의 참 성품이다. 모든 법 그대로가 참모습이요 참모습 그대로가 모든 법이다. 성품과 모양이 온전히

같고 본체와 현상이 다른 것은 아니다. 하나의
법도 법성 밖을 벗어난 것이 없다.

524 업은 마음에서 일어나는 것이며 마음이 있으면
모든 업이 두루 갖추어지게 된다. 만일 마음이
없다면 모든 업은 없는 것이다. 온갖 선악의 업
과 범부 성인 등의 업은 마음으로 지어질 뿐이기
때문이다.

525 모습은 곧 없음이다. 모습 없는 모습이니 모습도
아니고 모습 없음도 아니다.

526 온갖 법이 항상 고요하여 일어나는 모양이 없건
마는 무명인 불각이 망령되이 법과 더불어 어기
기 때문에 세간의 온갖 경계를 따르면서 갖가지
로 알지 못하느니라.
고로 알아야 한다. 마음밖에는 법이 없고 법 이
외에는 마음이 없나니 한 마음인 줄만 알면 모든
대경이 저절로 알아지지만 마음을 일으켜 법을
저버리면 곧 법 자체가 어그러진다. 이미 법과 더
불어 어기게 된다면 통달하지 못하지만 만일 법

계의 성품을 따라 진여의 마음에 계합된다면 반
야의 앎이 없음은 알지 못한 바가 없다.

527 중도는 곧 성품의 공이라 이는 없는 것이요 중도
는 곧 성품의 공이라 이는 없는 것이다. 붙인 이
름이라고도 하는지라 있기도 하고 없기도 하며
중도라고도 이름한지라 있는 것도 아니고 없는
것도 아니다

528 도는 곧 마음이라 마음이 곧 도이니 참마음은 온
갖 처소에 두루하기 때문이다.

529 중도란 하나의 참된 마음이 있거나 없음의 어느
한쪽에 머무르지 않음을 말한다. 고로 보살은 행
으로써 도리에 계합시켜 온갖 법을 동시에 막고
동시에 비추며 동시에 없어지고 동시에 흐름을
관하게 된다. 마음이 없고 비춤이 없어지면 저절
로 고요히 안다. 동시에 없어지면 공도 없어지고
가도 없어지기 때문에 고요하다.

530 오직 식임을 아는 대근기에게는 공하다는 앎조차

소멸되어 모든 인연의 관을 여읜다.

531 보살이 반야바라밀을 행할 때에는 모든 법이 다 공함을 두루 관하고 공하다는 것도 또한 공하여 모든 관이 소멸되면 걸림없는 반야바라밀을 얻게 된다.

532 식이 있을 뿐이고 바깥 경계가 없음을 깨달으면 곧 참된이치라고 한다. 고로 관으로 유식임을 능히 보면서 곧 바깥경계가 없음을 알면 진리를 통달하는 것이다. 이 진리를 통달할 때에 바깥이라는 앎이 없으면서 곧 세속의 망령되이 취하는 마음을 버리게 된다.

533 대경이 아주 없다는 것을 알면 진리를 통달하여 식이 있을 뿐임을 알면 세속을 통달한다.
고로 진리와 세속을 통달하는 것은 유식의 도리를 능히 이해함에서이다. 유식이라 경계가 없다.

534 보살이 만일 분별없는 관에 들어가면 온갖 대경이 드러나지 아니한다.

535 만일 고난에서 유심임을 분명히 알았으면 뒤에 비록 관에서 나와 망령되이 자기와 남을 보았다 하더라도 곧 다시 생각할 적에 스스로 망령된 소견이었음을 알게 되는 것이다. 범부와 이승이 바깥이 있다고 꼭 집착하는 것과 같지 않다. 고로 대보살은 부처가 되기 전까지는 언제나 중생은 마음일 뿐이나 망령되이 경계를 보는 것인줄 안다.

536 인식의 대상인 경계는 모두 마음으로 짓는 것이므로 마음의 모양이라 한다. 또한 마음의 그림자라고 하고 식의 경계라고도 한다. 범부와 소승은 마음과 경계가 다르다고 여기나 그 도리에는 따로의 본체가 없으며 실로 하나의 식일 뿐이다. 모든 법의 이름과 이치는 모두 마음으로 짓는 것을 범부와 소승은 모르고 있다.

537 유식에는 경계가 없나니 대경이 없다함도 허망한 소견일세.

538 진여와 실상의 지혜만이 홀로 존재하므로 법신이라 한다.

539 능가경에 온갖 법이 바로 자기 마음임을 사실대로 아나니 그러므로 분별하는 마음을 내지 아니한다.

540 생각은 분별뿐이어서 있는 것이 아니다.

541 마음이 없으면 경계도 없어서 지혜로운 이는 둘 다 없음을 요달하여서 둘이 없는 참법계에 평등히 머무른다. 마음을 여의면 반연할 바도 없다.

542 슬기로운 이는 분별없는 지혜로 힘을 삼는다.

543 중생은 참성품과 다르지 않지만 거친 생각과 세밀한 생각에 엉켜 있음을 깊이 믿고는 불성은 있지도 않고 없지도 않으며 자기도 없고 남도 없어서 범부와 성인이 둘이 아닌 줄 자세히 관하면서 금강과 같은 마음자리를 굳건하게 머물러 옮아가지 아니하면 고요하고 함이 없어져서 분별함이 없나니 이것을 도리로 들어간다고 하느니라.

544 진여는 허망한 분별과 생각에 가리워졌음을 믿고

허망한 마음으로 버리면 청정한 마음 산뜻해져서
모든 경계가 분별임을 안다.

545 본식은 법도 아니고 이치도 아니며 취할 바도 아
니고 취하는 자도 아니다.

546 보살은 분별없는 지혜로 자성을 삼는지라 분별없
는 지혜와 보살은 다르지 않다.
분별없는 지혜의 자성이 곧 보살의 자성이니 진
실에서 분별함이 없기 때문이다.

547 번뇌의 성품은 보리를 장애하지 아니하고 보리는
번뇌를 장애하지 않는지라 번뇌가 곧 보리요 보
리가 곧 번뇌다.
탐냄 성냄 어리석음의 성품 그대로가 해탈이다.
나고 죽는 괴로움의 진리 이것이 곧 열반이어서
둘도 없고 구별도 없으며 이것은 곧 현상을 믿고
본제를 따르는 것으로써 믿음은 바로 도의 근원
이요 공덕의 어머니라 번뇌 그대로가 보리 이어
서 둘도 없고 구별도 없다.

548 언제나 좌선하면서 마음에 마음이 없는 법과 머무름이 없는 법을 관하기를 좋아하라.

549 생사가 곧 열반이요 번뇌가 곧 보리이다.

550 만일 상상근의 사람이라면 단번에 마음이 공함을 알아서 참 유식의 성품에 들어가 현행과 나머지 습기와 종자가 함께 없어진다.

551 지혜가 생기고서 경계를 알되 그 앎은 아는 객체가 없고 경계를 알고서 지혜가 생기되 그 생김은 생기는 주체가 없나니 생기되 생기는 주체가 없다면 비록 지혜라 하나 있는 것이 아니요.
알되 아는 객체가 없다면 비록 경계이나 없는 것이 아니다. 없는 것은 곧 없는 것이 아니요. 있는 것은 곧 있는 것이 아니니 있고 없음을 둘 다 비추면 묘한 깨달음이 고요하리라.

552 체성은 하나일 뿐이로되 뭇 인연을 비추면 인연의 모양이 본래 공해지고 지혜의 체성은 고요히 비추어져 모든 인연 모양이 다하고 여여만이 홀

로 존재한다.

553 부처님 몸이 법계에 가득차서 모든 중생의 앞에
널리 나타내어 인연을 따라 나아가며 모두 두루
하면서도 이 보리좌에 항상 계시네.

554 만일 법이 생기지 않음을 안다면 그것이 얻는다
고 하나니 만일 모든 유위법의 나지 않는 모양을
보면 곧 바른 정위에 들어가느니라. 열반은 평등
하여 둘을 만들지 않나니 이것이 바른자리이다.

555 생각이 곧 공이어서 일어난 곳이 없음을 분명히
알면 이것이 바로 한량없는 백천중생을 모두 제
도하여 다하는 것이지만 그렇더라도 어느 한 중
생도 멸도한 이를 보지 못할 것이다.

556 무명은 아버지요 탐애는 어머니며 육근은 남자요
육진은 여자이다.
식은 중매장이요 한량없이 생기는 번뇌는 자손이
다. 고로 생각이 있으면 그것이 생사요 생각이 없
으면 바로 열반이니라.

557 모두가 제도할 만한 것이 없다. 첫째 공에 계합
하는 것이니 성품이 공하여 고요히 사라졌기 때
문에 제도할 만한 것이 없다.

558 진여의 생함없는 성품이 부처의 출현이요 진리의
소멸없는 성품이 부처의 열반일세.

559 생사도 버리지 말아야 하고 열반도 세우지 말아
야 하나니 생사와 열반이 둘도 없고 분별도 없느
니라.

560 온갖 법은 일어나지도 않고 소멸하지도 않으므로
여래라고 하느니라.

561 생사도 얻지 아니하고 열반도 얻지 아니하느
니라.
왜냐하면 생사라 하는 것은 바로 여래가 거짓으
로 시설했으므로 한 사람도 그 중에서 유전하지
않기 때문이다.
열반이라 하는 것 역시 거짓으로 시설했으므로
한 사람도 열반하지 않았기 때문이니라.

562 본체는 현상으로부터 일어나므로 본체는 현상과 평등하고 현상은 본체로 인하여 일어나므로 현상은 본체와 평등하다.

563 설령 열반보다 뛰어난 하나의 법이 있다해도 나는 역시 환과 같고 꿈과 같은 것이라고 말하리라.

564 본래 자성이 청정한 열반이니 온갖 법 모양이 진여의 도리이다. 비록 객진이 있더라도 본래부터 성품이 청정하여 미묘한 공덕을 갖추어 생김도 없고 소멸함도 없어서 잔잔하기 마치 허공과 같으며 모든 유정은 똑같이 평등하게 소유하고 있느니라.
온갖 법과 더불어 동일하지도 않고 다르지도 않으며 온갖 모양과 분별이 여의어져서 거친 생각과 말길이 끊어지고 그 성품은 본래 고요한 열반이다.

565 정명경에서 발을 올리고 발을 내리는 곳마다 도량 아님이 없다.

566 온갖 마음이 한마음이란 만일 그 허물을 알고 싶

증을 내어 모두 스스로 지니다가 벗어나면 마치 세간의 조그마한 불이 큰 나뭇가지를 태우는 것과 같고 한 개의 작은 구슬을 놓아 큰 바다를 맑히는 것과 같다.

마음이 공함을 능히 관하면 마음으로부터 생기는 온갖 경계는 공하지 아니함이 없기 때문에 온갖 마음이 한 마음이다.

이렇게 한마음이 되면 이는 이승이 헷갈려서 빠져 있는 곳이니 마지막의 도는 아니로되 두 가지 치우침을 다 없애기 때문에 번뇌는 하나도 아니고 온갖 것도 아니다.

567 지혜에 의지하고 식에 의지하지 말라. 범부의식은 즐거움을 구하고 이승의 식은 열반의 즐거움을 구하니 둘 다 없애고 의지하지 말 것이다.

568 고요하면서도 항상 비춤지라 기감이 곧 생기되 이 생김은 생김이 아니며 인연이 사라지면 곧 소멸하되 이 소멸은 소멸이 아니니 생기지도 아니하고 소멸하지도 않으므로 방편의 청정한 열반이라 한다.

569 주체와 객체는 하나도 아니고 다른 것도 아니다.

570 모든 중생이 곧 보리의 모양이어서 다시는 얻을 것이 없나니 이것이 성득반야요 모든 중생이 곧 열반의 모양이어서 다시는 적멸할 것이 없나니 이것이 성득의 해탈이다.

571 반야는 앎이로되 앎이 아니고 앎이 아니로되 앎이 아님도 아닌 줄을 알아야 한다.

572 만 가지 경계가 비록 많다하더라도 모두 한마음에서 일어난다. 마음이 없어지면 경계도 소멸되어 온갖 경계가 공허해진다.
지혜가 공허하면 다르지 않고 공허는 환상과 다르지 않아서 환상과 공허는 둘이 아니다 하나다 다르다 함이 온통 공허한 것이니 지혜는 환상과 공허가 자재하여 걸림이 없다.

573 생각하는 것을 없애야만 지혜와 계합되고 언제나 진리이므로 마음과 경계에 미혹되지 않는다.

574 만일 자기 심식의 성품에는 아무 것도 없다고 관할 수 있으면 이것은 선취문을 여는 것이다.

575 생각이 없기 때문에 온갖 경계가 생기지 않고 바로 해탈한다.

576 모든 법은 체성이 없고 자기 마음으로부터 생기며 마음이 만일 생기지 않는다면 바깥경계는 언제나 고요한 것이다. 고로 만법은 본래 한가하거늘 사람이 스스로 시끄럽게 한다.

577 형상이 참된 형상이 아닌 줄 알며 형상이 참된 형상이 아니라면 비록 형상이라 하더라도 형상이 아니다. 일체경계도 이와 같다.
고로 알아야 한다. 한마음에 의지하면서 실행한다면 어디를 간들 진여가 아니겠으며 한기운을 받아서 교화한다면 어느 중생인들 순종하지 않겠는가.
고로 성인은 하나의 참마음으로써 온갖 경계를 관찰하면 만나는 것마다 순종하여 거스르지 아니하며 접촉하는 것마다 하나에 명합된다.

578 만물이 본래 공허한 것인줄 알면 곧 형상이면서
도 형상이 없으리라.

579 망령되이 받는다는 고통이 이미 공한지라 다스리
게 되는 약도 이미 끊어진다. 고로 괴로움이 바
로 즐거움이요 즐거움 이것이 괴로움이니 이것을
수행하면 괴로움 즐거움도 없다.

580 온갖 경계는 마음으로 인한 분별이니 만일 분별
이 있으면 곧 무명에 속한 것이다. 고로 마음에
분별이 없으면 온갖 법이 바르고 마음에 분별이
있으면 온갖 법이 삿되다.
모든 부처님은 마음이란 모양조차 없거늘 법에는
자체가 없기 때문에 곧 분별하나 분별이 없는 것
이요 자체에는 반연함에 장애되지 않기 때문에
분별함 없는 것이 바로 분별이다.

581 마음의 체성이 곧 모든 법의 성품이니 모든 법을
비출 때에 이것이 저절로 비추어질 따름이다.

582 온갖 경계는 본래가 하나이라 생각을 여의게 되

는데도 중생은 망녕되이 경계를 보기 때문에 마음에 분제가 있다.

고로 알라. 마음바다에 파도가 자면 삼라만상이 가지런히 비치고 맑은 못에 물결이 일면 모든 경계가 다 흐려진다.

583 성인은 비록 지견으로 항상 물건의 공허함을 알기는 하나 환상같은 삶에는 집착이 없다. 성인은 종일토록 알고 있으면서도 아는 일이 없다. 마치 고인 물에 그림자가 비치는 것과 같거늘 어찌 주관과 객관을 세우겠으며 경계와 지혜가 공하거늘 어찌 깨닫고 안다는 생각이 있겠는가.

584 법은 본래 저절로 공하므로 제거할 것이 없다. 눈에 가득 빛깔로 보고 귀에 가득소리를 듣데 따르지 아니하고 파괴하지 않을 것이니 소리와 빛깔의 바른성품을 분명히 알기 때문이다.

다만 따르지도 아니하고 파괴하지도 아니하는지라 두 가지의 치우치고 삿된 소견을 여의며 존재도 아니고 공도 아니며 한마음 안의 진리에 계합한다면 인연을 만나도 걸림없고 경계에 부딪쳐도 생김이 없으리라.

585 만일 마음일 뿐임을 돌이켜 비추어 볼 수 있다면
큰지혜로 진실한 모습의 참된 근원을 완전히 비추
어 볼 수 있으리니 그러한 즉 허환한 꿈에서 단번
에 깨어나고 그림자와 형상이 함께 고요하리라.

586 마음이 비고 경계가 공한 줄 분명하게 통달하면
곧 대총지문에 들어가 불승의 종성을 계승하게
될 것이다.

587 자기 마음에서 자기 마음을 취하면 환상 아닌 것
이 환상이 되며 취하지 않으면 환상 아님도 없으
리니 환상 아님 조차도 생기지 않거늘 환상법이
어떻게 성립되리요.
만일 취하는 주관이나 객관의 마음이 없으면 역
시 이것이 환상이다. 환상이 아니다 하는 법이 없
으리니 환상이 아닌 진실한 법도 오히려 생기지
않거늘 환상으로 일어나는 허무한 자취가 무엇에
의지해서 건립되겠는가.

588 있음에 처하되 있지 아니하고 없음에 있되 없지
아니하다. 없음에 있되 없지 않기 때문에 없음에
서 없지도 아니하고 있음에 처하되 있지 않기 때
문에 있음에 있지도 않는다.
그러므로 있음과 없음에서 벗어나지 않으면서 있
음과 없음에 있지도 않을 수가 있다.
고로 법에는 있다 없다 하는 앎이 없다.
이것 저것이 고요히 사라져 경계와 내가 하나에
명합되나니 지음이 없어야 열반이라 한다.

589 마음이 생기면 죄가 생기고 마음이 소멸하면 죄
가 소멸한다.

590 마음에 분별이 있으면 온갖 모두가 다 삿되고 뜻
에 반연함이 없으면 만 갈래가 다 삿되고 뜻에
반연함이 없으면 만 갈래가 저절로 바르게 된다.

591 만일 종이 밝아지면 교가 쉬게 되고 도가 들어나
면 말이 공해지리니 상대가 끊어진 참마음이라야
경계와 지혜가 모두 없어진다.

592 만일 경계를 거두어 마음으로 돌아갈 때는 삼계
는 마치 허공의 꽃과 같다.

593 그대는 뒤바뀌게 듣는 기관 돌이키어 들음을 돌
이키어 제 성품 들으면 그 성품 위없는 도 이를
것이니 원통이란 진실로 이러하니라.

594 선종에서 뜻을 얻지 못한 어떤 이가 법이 공하다
는 소견을 내는 사람에게 배우게 되면 대부분이
마음과 경계가 모두 공하다는 것을 떨쳐버리고
분별이 없다는 것에 고집하여 미치광이 같은 이
해와 소경의 어리석음으로 지극한 도를 삼으려고
한다.

595 마지막 돌아갈 데는 어디냐 하면 말길이 끊어지
고 마음 가는 곳이 사라져서 영원히 고요함이 마
치 공과 같은데다.

596 희근보살 설하되 온갖 법의 그대로가 탐욕의 성
품이요 탐욕의 성품 그대로가 모든 법의 성품이
며 성냄의 성품 그대로가 모든 법의 성품이요 어

리석음의 성품 그대로가 모든 법의 성품이다.

597 탐냄의 참성품은 그대로가 불법의 성품이며 불법
의 참성품도 역시 탐냄의 성품이니라. 탐냄 성냄
과 어리석음에 만일 사람이 분별없다면 삼독의 성
품에 들어가기 때문에 곧 보리를 보게 되느니라.
만일 유위법을 보게 된다면 무위의 법과는 다르
니라. 두 성품 같음을 알면 반드시 인간안에서 높
은 이 되리라.

598 부처님은 보리를 보지 않고 또한 불법을 보지 않
나니 모든 법에 집착하지 않기 때문에 악마를 항
복받고 불도를 이루셨느니라.
만일 중생을 제도하려면 그의 성품을 분별하지
말 것이니 모든 중생들은 모두가 열반에서 동일
하다. 만일 이렇게 볼 수 있다면 이야말로 부처
를 이루게 되리니 그 마음 한가하고 고요하지 않
으면서 한가하고 고요한 모양 나타내느니라.

599 깊은 수행에는 보리가 없고 또한 부처의 법도 없
느니라. 불법은 잔잔하고 맑고 깨끗하여 비유하

면 허공과 같나니 부처는 불도를 얻지 않았고 중생도 제도하지 않나니 범부가 억지로 분별하면서 부처되고 중생제도 한다 하느니라.

600 중생에게는 중생이 없는 고로 만일 사람이 중생을 보면 이는 마침내 해탈한 것이요 탐냄 성냄 어리석음이 없는 것이니 이 분은 세간에 장수가 될 줄 알라.
만일 사람이 중생이라고 보면 중생이 아님을 보지 못하여 불법의 진실을 얻지 못하리니 부처는 동일한 중생 성품이니라.

601 심성은 원융하고 두루하여 가로는 시방에 두루하고 세로는 삼제 · 두루 · 도에 사무쳤으며 온갖 때와 처소에 이르기까지 간단있는 일이 없어서 털끝만한 선근이라도 모두 다 회향하면 순간순간마다 진여의 본체에 계합되어 그 본체는 고요하지 아니함이 없다.
하나 하나가 진여의 작용을 쫓거늘 작용인들 어찌 다함이 있겠는가. 그런 까닭에 일여에 계합되어 스스로 뭇 덕에 포함될 뿐이다.

602 진여는 온갖 처소에 두루하여 맨 끝이 없듯이 선근의 회향 또한 그와 같아서 온갖 처소에 두루하여 맨 끝이 없다.

603 마치 진여는 온갖 법의 성품 없음을 성품으로 삼듯이 선근회향 또한 그와 같아서 마침내는 온갖 법의 성품 없음을 성품으로 삼느니라.

604 마치 진여는 모양 없음을 모양으로 삼듯이 선근의 회향 또한 그와 같아서 마침내는 온갖 법의 모양 없음을 모양으로 삼느니라.

605 마치 진여는 모든 부처님들이 행할 곳이듯이 선근의 회향 또한 그와 같아서 모든 여래의 행할 바의 곳이니라.

606 마치 진여는 경계의 모양을 여의면서도 경계가 되듯이 선근의 회향 또한 그와 같아서 경계의 모양을 여의면서도 삼세의 모든 부처님들의 원만한 경계가 되느니라.

607 마치 진여는 있지 않는 데가 없듯이 선근의 회향
   또한 그와 같아서 온갖 처소에 두루있지 아니함
   이 없느니라.

608 진여는 온갖 법에 두루하다.

609 마치 진여는 온갖 몸에 두루하듯이 선근의 회향
   또한 그와 같아서 시방세계의 한량없는 몸 안에
   두루하다.

610 마치 진여는 있지 않은 데가 없듯이 선근의 회향
   또한 그와 같아서 삼세의 모든 부처님 국토 안에
   서 널리 신통을 나타내면서 있지 않은 데가 없다.

611 진여는 과거 현재 미래의 세상에 두루 머무른다.
   회향 또한 그와 같아서 모든 중생들로 하여금 한
   찰나 동안에 새 세상에 부처님을 뵙되 한순간만
   이라도 일찍 버리거나 여의는 일이 없게 한다.

612 마치 진여의 체성은 밝고 깨끗하듯이 진여의 회
   향 또한 그와 같아서 모든 보살로 하여금 밝고 깨

끗한 마음을 얻게 하느니라.

613 마치 진여는 평등하게 편안히 머무르듯이 선근의 회향 또한 그와 같아서 모든 보살행을 발생하여 평등하게 일체지의 도에 머무르게 한다.

614 마치 진여는 중생세계에 두루 머무르듯이 선근회향 또한 그와 같아서 걸림없는 일체종지를 원만하게 갖추어 중생세계에 모두 그 앞에 나타내느니라.

615 마치 진여의 체성은 넓고 넓어서 온갖 법에 두루 하듯이 이 선근의 회향 또한 그와 같아서 깨끗한 생각으로 걸림이 없이 온갖 넓고 넓은 법의 문을 널리 포섭한다.

616 마치 진여는 취착한 바가 없듯이 선근의 회향 또한 그와 같아서 온갖 법에서 취착한 바가 없고 온갖 세간에 취착을 없애고서 널리 청정하게 하며

617 마치 진여의 체성은 동요하지 않듯이 선근의 회

향 또한 그와 같아서 보현의 원만한 행원에 편안
히 머물러 마침내 동요하지 않느니라.

618 마치 진여는 부처의 경계이듯이 선근의 회향 또
한 그와 같아서 모든 중생들로 하여금 온갖 중생
들로 하여금 온갖 큰지혜의 경계를 만족하게 하
고 번뇌 경계를 소멸하여 청정하게 하며

619 마치 진여는 닦을 수 있는 것도 아니고 닦을 수
없는 것도 아니듯이 선근의 회향 또한 그와 같아
서 온갖 망상과 취착을 여의고 닦음이거나 닦지
아니함에서 분별함이 없으며

620 마치 진여는 모든 부처님들과 보살들을 성취시키
듯이 선근의 회향 또한 그와 같아서 온 대원과
방편을 일으켜 모든 부처님들의 광대한 지혜를
성취시키며

621 마치 진여는 마지막까지 청정하여 모든 번뇌와
함께 하지 않듯이 선근의 회향 또한 그와 같아서
모든 중생의 번뇌를 소멸하게 하여 청정한 지혜

를 원만히 하느니라.

622 진여는 행의 끝까지 겸한지라 하나하나의 행마다
진리 아님이 없고 행은 진여의 근원까지 사무친
지라 하나 하나의 진여마다 행이 아님이 없다.
고로 본체와 형상이 두루 갖추고 마음과 경계가 융
통하다.

623 온갖 법이 공하여 아무것도 없어 언제나 머무르
는 것도 없고 또한 생기거나 소멸함도 없나니 이
를 지혜로운 이가 친근할 데라 한다.

624 온갖 법은 모두 아무것도 없다고 자세히 살피기
를 마치 허공은 견고함이 없어서 생멸이 없으며
동요나 물러나지도 않아서 항상 한 모양에 머무
름과 같은 것을 바로 친근할 데라 하느니라.

625 중생의 허환한 마음도 허깨비에 의해 사라지나
모든 허깨비가 다 사라졌더라도 본각의 마음은
요동하지 아니한다. 온갖 허망한 허깨비의 경계
를 멀리 여의어야 하나니 멀리 여의려는 마음을

굳게 집착하기 때문에 마음에 허깨비 같은 것도 또한 멀리 여의어야 하며 허깨비를 멀리 여의었다는 생각도 멀리 여의어야 하며 허깨비를 멀리 여의었다는 생각을 다시 멀리 여의었다는 것까지도 또한 멀리 여의어서 더 여읠 것이 없게 되면 모든 허깨비가 없어지리라.

나무가 다 타서 없어지면 재는 날아가고 연기까지 사라지는 것처럼 허깨비로 허깨비를 닦는 것도 이와 같아서 모든 허깨비가 비록 다 한다 할지라도 성품은 없어지게 되지는 않느니라.

선남자야 허깨비 인줄 알면 곧 여의어지므로 방편을 쓸 필요가 없으며 허깨비를 여의면 그대로가 깨닫는 것이라 점차도 없느니라.

모든 보살과 말세 중생들은 이에 의해 수행해야 되리니 그리하여야 모든 허깨비를 영원히 여의리라.

626 모든 범부와 성인의 더럽거나 깨끗한 만 가지 법이 모두 허깨비와 같고 공과 같거늘 무엇 때문에 다시 방편을 쓰면서 여의려고 하겠는가. 허깨비를 여의면 그대로 깨닫는 것이라 점차도 없다.

627 능히 앎과 알 바의 법은 마음에서 망념되이 헤아
　　릴 뿐이니 만일 알 바가 없음을 알면 능히 앎도
　　곧 있는 것이 아니다.

628 아뢰야식은 마치 바다가 바람으로 인하여 모든
　　식의 물결이 일어나는 것과 같나니 항상 생기고
　　항상 소멸하며 끊어지지도 않고 항상 하지도 않
　　는데도 중생들은 스스로 깨닫고 알지 못하여 자
　　기 식을 따르면서 뭇 경계들을 나타낸다.
　　만일 스스로가 분명히 알면 불이 나무를 태우는
　　것 같아서 곧 모두가 사라져서 샘이 없는 지위에
　　들어가리니 그를 성인이라고 한다.

629 첫째가는 이치란 마음뿐이니 갖가지 바깥의 모양
　　은 모두가 다 없다.

630 온갖 법이 사실대로라 함은 오직 마음으로 나타
　　내게 된다는 것을 환히 통달하는 것이니라.

631 견과 견의 반연과 생각하는 모양이 마치 허공 꽃
　　과 같아서 본래 있는 것이 아니고 이견과 반연이

본래 보리의 묘하고 깨끗하고 밝은 본체이거늘 어찌 그 가운데서 이것이요 이것이 아니라 할 것이 있겠느냐.

632 경계는 허망하여 마음을 따라 변화하여 생기므로 마음에 만일 허망이 없으면 곧 따로의 경계가 없느니라. 보살의 마음은 경계를 내지 아니하고 경계는 마음을 내지 아니한다. 왜냐하면 보게 되는 모든 경계는 보게 되는 마음일 뿐이기 때문이다. 마음이 허깨비가 되지 않는다면 보게 되는 것이 없느니라.

모든 법의 실상을 모두 다 분명히 통달하면 제 성품의 평등함은 마치 허공과 같으니라. 하나의 법 안에서 온갖 법을 환히 알면 무분별지가 항상 앞에 나타나느니라.

633 부증부감경에 첫째가는 이치란 곧 중생의 경계요 경계는 곧 여래장이며 여래장은 곧 법신이니라.

634 온갖 물질 안에는 모두 허공의 성품이 있는 것 같이 온갖 법 안에는 모두 안락한 성품이 있다.

635 법신은 허공과 같아 분별함이 없고 장애됨도 없으면서 법계에 두루하다.

636 모든 법의 체성과 모양은 미세하여 모두 다 비고 고요하건마는 범부들은 스스로 분별하여 경계를 내고 스스로 분별하는 가운데서 도리어 자신을 속박하고 있다.
마음의 제 성품을 분명히 모르면 마치 꿈속에 있는 것 같아서 망녕되이 모든 경계를 집착하는 것이니 다시 온갖 삼계는 모두 다 공이라. 공은 공을 장애하지 않는다고 관찰해야 하느니라.

637 모든 행이 있음을 보지 않으면 이러한 이를 부처라 하지만 만일 이렇게 볼 수 있다면 그 사람은 여래를 뵙게 되리라.

638 부처님 법의 진실한 체성은 있는 것도 아니고 없는 것도 아니다. 법의 모양은 한결같이 이러한데 자기 마음만으로 분별할 따름이다.

639 온갖 법은 생기지 아니하고 온갖 법은 소멸하지

도 아니한다. 만일 이렇게 이해할 수 있다면 부처님께서 앞에 나타나신다.

640 경에 모든 중생은 모양이 없고 모두가 법계와 같아서 보는 것도 아니고 보지 않는 것도 아님을 잘 안다.
왜냐하면 법계 그것은 곧 모든 중생의 마음경계이기 때문이니 이것을 신행이라고 한다.

641 경에 삼계는 모두가 식이요 이는 마음 뜻 의식일 뿐이어서 역시 법의 바깥에도 있지 아니한데 범부는 허망으로 상응한 속박을 받아 식음 가운데서 나 또한 내 것이라고 탐착을 내느니라.

642 성인은 마음밖에 없는 것이다. 분명하게 봄으로 생길만한 법이 없는 것이다. 범부에게는 생김이 없고 성인에게는 끊을 것이 없음을 환히 안다면 이것 한마음에 둘이 아닌 법문에 들게 되는 것이다.

643 모든 법은 한 모양이요 한 문이어서 이른바 생멸도 없고 필경에는 공한 모양이니 대승만이 있고

이승은 없다.

644 만일 법계의 함생인 삼승 오성이 한마음에 귀명하면 성불하지 아니함이 없으리니 자기 마음인 한 모양과 한 문을 여의고는 그밖에 다시는 귀의만한 법이 없고 둘도 없고 셋도 없어서 결국에는 비고 고요하다.
이렇게 관하는 이는 오욕이 저절로 끊어지나니 육진의 경계는 망념에 따라 있으므로 망념이 없다면 경계가 없거늘 무엇 때문에 다시 끊을 필요가 있겠는가. 그러므로 오욕을 끊지 않으면서도 모든 감관이 깨끗해진다.

645 경에 공한 마음은 동요하지 아니하며 여섯 가지 바라밀을 두루 갖추느니라. 마음이 공하면 온갖 것이 다 공하다.

646 만일 생각이 본래 일어나지 않는 것인 줄 분명히 알면 언제나 등지에 있고 경계가 생각으로 인하여 생긴다고 살피지 아니하면 도리어 참마음을 깨친다 해도 역시 동요하게 된다.

647 모든 중생의 음성은 어디에서부터 나옵니까. 중생의 음성은 허공에서부터 나옵니다. 이 음성은 곧 허공의 성품이라 들은 후에는 곧 사라지는 것인줄 알아야 합니다.

만일 그것이 사라지고 나면 같이 허공의 성품으로 머무는 것이니 그러므로 모든 법은 말하거나 말하지 않거나 허공의 성품과 같습니다.

그러므로 허공이란 동아리를 버리지 않아야 하며 음성 부분에서처럼 모든 법 또한 그러합니다.

648 중생의 성품은 허공과 같느니라. 눈 귀 코 혀 몸 뜻으로 색 소리 냄새 맛 촉감 마음이 허망한 것인줄 분명히 알면 마침내는 분명히 사라져서 선문이 되느니라.

649 행과 식이 공한지라 소멸할 적에도 소멸한 업이 공하고 처음 식에서도 처음 식이 공한지라 생길 적에도 생기는 업이 공하다.

650 경에 과거의 법은 돌이켜 생각하지 않아야 하고 미래의 법은 바라거나 구하지 않아야 하며 현재

의 법은 머무르거나 집착하지 않아야 한다. 만일 그와 같다면 그 자리에서 해탈 하느니라.

651 한 생각을 곧장 관하면 일어났을 적에도 일어난 곳을 얻지 못하고 저절로 앞과 뒤의 끝이 끊어지면서 그곳이 텅 비고 고요해지는 것이다.

652 생김이 없음을 알기만 하면 곧 평등함에 들어간다. 평등함이란 온갖 유위와 무위의 여실한 성품이니 이 성품을 보기 때문에 머무름이 없는 이치로써 온갖 법 안에 머무른다.
온갖 법이 바로 한마음인 진여가 평등하고 생김이 없는 성품임을 통달하지 못하면 물듦에 있거나 물듦을 여의거나 모두 번뇌의 물듦을 받는 것이다.
만일 무위는 다 보리도이니 어찌 물들게 되겠는가.

653 숲을 다 태우면 나쁜 짐승들이 다 사라지는 것처럼 마음이 공하면 소견이 소멸되는 것도 그와 같느니라.

654 감관과 경계가 똑같이 마음을 반연하되 이것은
   곧 화합하면서 생기는 것이므로 자체가 없는 것
   인데도 범부는 진실한 것이라고 집착하기 때문에
   공하다고 설명한다.
   감관과 경계를 여읜 마음은 이것이 곧 참마음이
   어서 인연으로부터 생기는 것이 아니니 만일 이
   것을 분명히 아는 마음이면 곧 참으로 보리의 도
   를 내는 것이다.

655 공과 존재가 둘 다 없어지고 성품과 모양이 다함
   께 고요하다. 진리와 세속이 쌍으로 비추고 본제
   와 현상이 서로가 상즉한다.

656 하나의 법이 공하기 때문에 온갖 법이 공하다.
   마음에 법이 있으면 있게 되고 마음에 법이 공하
   면 공한 것이니 만법은 한마음이 근원이므로 공
   이니 존재니 하는 것은 다 붙을 데가 없다.

657 번뇌 종성은 바로 보리 성품인 것이므로 유정의
   마음 처소는 본 성품이 참되고 깨끗하여 공하여
   얻을 바가 없나니 그러므로 유정의 마음은 바로

대원경지의 마음처소이다.

658 스스로 그림 그려 두려워하는 것처럼 스스로 경계 지어 업과 윤회 하는 것도 이와 같다.

659 마음을 알고 나면 경계의 산란함을 당하지 않고 잔잔하여 언제나 안정하므로 삼매라 한다.

660 몸이 산산이 부서졌다함은 이미 유식의 성품을 알았으므로 몸에 대한 소견이 저절로 없어졌다는 것이다.

661 모든 법을 분별하지 아니하고 중생이 있다고 보지도 않으면서 모든 법이 하나의 모양일 뿐이면 부처의 경계를 보게 되느니라.

662 모든 법은 인연으로 생긴 것도 아니고 인연이 없이 생긴 것도 아니며 허망한 분별에서 있게 되는 것이니 그러므로 유심임을 설하느니라.

663 마음 바깥의 모든 경계는 망녕된 털 바퀴꽃으로

보나니 집착한 것 모두 없는 것이니 이는 다 식심에서 변한 바니라.

664 이 마음은 어디서 온데도 없고 가도 닿는 데가 없다. 다만 식이 반연하는 모양 때문에 생기되 본체가 없어서 일정한 법으로써 얻을 만한 것이 하나도 없다.

665 마음은 본래부터 나지도 않고 일어나지도 아니하여 그 성품은 언제나 청정하지만 객진번뇌로 물이 들기 때문에 분별이 있다.

666 마음은 마음을 알지 못하고 마음은 마음을 보지 못한다. 왜냐하면 이 마음은 공한 성품이기 때문이다. 공이기 때문에 본래 아무것도 없다.
이 마음은 형상이 없고 볼 수 있는 이가 없다. 마음은 공하고 나 없고 내 것이 없다. 지혜로운 이는 마음이 생김이 없고 모양도 없음을 통달한다.

667 십주경에 이르되 금강장보살은 이 보살에게 삼천대천세계의 모든 중생들이 일시에 질문하여도 이

보살은 한생각 동안에 이와 같은 질문을 모두 받아들이고 한 음성만으로써 모두 이해하게 한다.

668 낱낱 중생이 항하 모래만큼 많은 겁동안 역죄와 착하지 않은 업을 짓는다해도 그 심성은 끝내 더럽힐 수 없느니라.

669 순간순간마다 도의 불성은 세간에 출현하고 걸음걸음마다 도의 불성은 함께 한다.

670 선남자야 보리를 알고자 하면 자기 마음을 알아야 하느니라. 자기 마음을 알면 이내 보리를 아느니라.
보리는 진실한 모습이라 추구하여도 얻을 수 없으니 허공과 같기 때문이니라.
보리는 곧 허공의 모양이라 보리는 증득할 객체의 모양도 없고 증득하는 주체의 모양도 없으며 주체와 객체가 계합되는 모양도 없느니라. 왜냐하면 보리는 필경에 모양이 없기 때문이니라.
선남자야 온갖 법은 곧 허공의 모양이라. 이 때문에 보리는 마침내 모양이 없느니라.

671 불승이란 이름이 있을뿐이어서 얻을 수 있는 것
도 아니고 볼 수 없거늘 어떻게 걸림없는 것으로
써 걸림없음을 얻겠나이까. 현재 보이는 모든 법
이 실제에 머물러 있기 때문이다.

672 대품경에 만일 온갖 법에 머무른다면 반야에 머
무르지 않나니 온갖 법에 머무르지 않아야 비로
소 반야바라밀에 머무르는 것이니라.
모양이 있는 법을 여의고서 따로 모양이 없는 반
야를 세우는 것도 아니고 모양이 곧 모양이 없는
것이니 이것이 반야이기 때문이다. 무릇 반야란
바로 머무름이 없다는 이치니라.

673 만일 마음을 일으키면 이것이 곧 주착함이요 온
갖 법에 주착하지 않는다면 이것이 곧 열반이기
때문이다. 온갖 것에 모두 머무름이 없기만 하면
반야 아님이 없으리라.

674 만일 모든 법이 다 해탈된 모양인 줄 알면 이야
말로 마지막 해탈이다. 마음에 집착하여 경계를
삼으면 눈으로 보는 것마다 진로이지만 경계 이

것이 마음임을 알면 해탈 아님이 없다.
이승은 인공만을 증득한지라 인아의 허망한 것만
을 여의고서 해탈이라 하나니 아직 법 공의 온갖
해탈을 얻지 못한 것은 마음을 알지 못하기 때문
이다.

675 모든 법에는 법 자체가 없어서 이는 마음일 뿐이
다 라고 설명하나니 자기 마음을 보지 못한데서
분별을 일으키게 되는 것이다.

676 경에 몸은 계율의 갑옷을 입었으되 마음에 지혜
의 칼이 없다면 번뇌의 우두머리를 파괴할 수
없다.
고로 알아야 한다.
만일 마음을 관하여 묘한 지혜가 성취되지 않는
다면 무명의 근본을 끊을 수가 없다.

677 무릇 법을 구한다는 것은 온갖 것을 구하지 않는
것이라고 이름한다.

678 경에 첫째가는 큰 도는 둘의 주장이 없느니라.

679 만일 자기 마음에 불성이 완전히 갖추어져 있음을 안다면 성품 밖에서 어찌 법이 있어서 구해야 되겠는가.

680 맑고 공허한 이치는 결국에 몸이 없으며 마음 또한 그와 같나니 만일 자기와 남의 몸과 마음이 다같이 얻을 수 없음을 깨친다면 마음밖에 법이 없음으로 온갖 경계가 다 공하여져서 사왕이 깨친 바와 같게 된다.

681 무량의 경에 이르되 하나의 법문이 있어서 보살로 하여금 보리를 빨리 얻게 하느니라.
온갖 모든 법을 자세히 살펴야 하느니 본래부터 성품과 모양이 공하고 고요하여 크고 작은 것도 없으며 생기거나 소멸함도 없으며 머물거나 움직인 것도 아니고 나아가지도 않고 머물지도 않나니 마치 허공에 두 가지 법이 없는 것과 같나니 중생이 허망하게 이것이다 저것이다 얻었다 잃었다 하고 멋대로 헤아리느니라.
중생이 분명하게 모르기 때문에 일어나고 움직이는 것만을 따르면서 적멸의 성품을 보지 못하느니라.

682 모든 법의 의심없는 곳에 친히 이르러서 마음을 깨쳐야 비로소 알고 온갖 경계의 모양없는 문을 단번에 비추어서 성품을 보아야 비로소 아나니 이야말로 여래가 행하는 곳이요 대각께서 아실 바이기 때문에 넓고 크기 법계와 같고 마지막이 됨은 허공과 같아서 시작도 없고 끝도 없이 미래 세상의 끝까지 다한다.

683 모든 법은 자기 마음으로부터 일어나므로 본래 아무것도 없다. 오늘에야 보리를 증득하고 보니 탁 트여서 아무 것도 없구나.

684 식심이 생각 생각마다 반연하여 대경에 속박되고 자재함을 얻지 못하는 이것이 곧 중생의 고통이니 만일 대경이 공하여 속박이 없음을 분명히 알면 안의 번뇌가 생기지 아니하고 한마음을 깨달아 알면 감관과 대경이 모두 고요하여서 곧 성품이 공한 법계에 들고 모양 없는 보리를 증득하게 된다.

685 제1 비바시불 부처님의 게송
몸은 모양이 없는 것 가운데 받아난지라 마치 요

술에서 모든 형상 나옴과 같나니 요술로 된 사람의 심식은 본래 없으므로 죄와 복은 다 공하여 머무는 데가 없다.

686 제2 시기불 부처님의 게송
모든 선법을 일으켜도 본래가 환상이요 모든 악업을 지어도 모두가 환상이며 몸은 무더기 거품이요 마음은 바람 같나니 환상에서 나온 근본 없는 것이다. 진실한 성품 없다.

687 제3 비사부불 부처님의 게송
사대를 빌려서 몸을 삼았고 마음은 본래 생김 없고 대경으로 인해 있다. 앞에 대경이 없으면 마음 또한 없나니 죄와 복은 환상 같아 일어났다 소멸한다.

688 제4 구류손불 부처님의 게송
몸에 진실 없다고 봄이 부처님의 보심이요 마음이 환상 같다고 앎이 부처님의 앎이니 몸과 마음의 본래 성품이 공한 줄 알에 되면 이 사람은 부처님과 무엇이 다르랴.

689 제5 구나함모니불 부처님의 게송

부처님은 몸을 보지 않고도 부처인줄 아나니 만일 실로 앎이 있으면 따로 부처는 없다. 지혜로운 이 죄의 성품이 공한 줄 능히 알고 탄연하여 생사를 두려워하지 않는다.

690 제6 가섭불 부처님의 게송

모든 중생의 성품은 청정하여서 본래부터 생김 없고 소멸 없나니 곧 이 몸과 마음은 환상으로 생긴 지라 허깨비 가운데는 죄와 복이 없다.

691 제7 석가모니 부처님의 게송

허깨비는 원인 없고 또한 생김 없으며 모두가 곧 자연인데 이렇게 보이나니 모든 법은 모두가 허깨비로 생긴 지라 허깨비라 생김없고 두려워 할 것 없다.

다시 마하가섭에게 이르시기를 나에게 있는 청정한 법눈과 열반의 묘한 마음이며 참모습이요 모양 없는 미묘한 바른 법을 너에게 부촉하노니 끊어짐이 없게 하라.

그리고 나에게 게송을 들으라.

법은 본래 법이라는 법이 없으며 법이 없는 법 역

시 법인 것이니 이제 없는 법을 부촉할 때에 법
과 법이 어찌 일찍이 법이랴.

692 제1조 마하가섭 존자 게송
법과 법은 본래가 없는 것이요 없는 법도 법이 아
님이 없나니 어찌 하나의 법 가운데서 법이 있고
법이 되지 않음이 있으랴.

693 제2조 아난존자 게송
본래 있는 법을 부촉하고서 부촉하고 나서는 없
는 법이라 하나니 저마다 스스로가 깨쳐야 한다.
깨치고 나면 없는 법도 없는 것이다.

694 제3조 상나화수존자 게송
법도 아니고 마음도 아니어서 마음도 없고 법도
없나니 이 마음과 법을 말할 때에 이 법은 마음
과 법이 아니다.

695 제4조 우바국다 존자 게송
마음은 스스로 본래 마음이요 본래의 마음에는
법이 있는 것 아니니 법이 있고 본래의 마음이 있

다면 마음도 아니고 본래의 법도 아니다.

696 제5조 제다가 존자 게송
본래의 법인 마음을 통달하면 법도 없고 법 아님
도 없나니 깨치고 나면 깨치지 못한 것과 똑같아
서 마음도 없고 법도 없게 된다.

697 제6조 미차가 존자 게송
마음이 없고 얻을 것도 없으며 얻는다 말하여도
법이라 말하지 않나니 만일 마음이 마음이 아님
을 알면 비로소 마음과 마음의 법을 알리라.

698 제7조 바수밀 존자 게송
마음은 허공의 지경과 같고 허공만큼의 법을 보
이는 것이니 허공임을 증득하게 되는 때에는 옳
음도 없고 그른 법도 없다.

699 제8조 불타난제 존자 게송
허공에는 안과 밖이 없으며 마음의 법 또한 그와
같나니 만일 허공을 분명히 알면 바로 진여의 이
치를 통달하리라.

700 제9조 복타밀다 존자 게송

진리에는 본래 이름이 없되 이름으로 인하여 진리가 드러난다. 진실한 법을 받고 얻게 되면 참됨도 아니고 거짓도 아니다.

701 제10조 협 존자 게송

참된 체성은 저절로 진실하여 진실로 인하여 도리 있다 하나니 진실한 법을 얻으면 가는 것도 없고 그치는 것도 없다.

702 제11조 부나야사 존자 게송

미혹과 깨침은 마치 숨음과 드러남 같고 밝음 어두움은 서로 여의지 아니한다. 이제 숨음과 드러남의 법을 부촉하나니 하나도 아니고 둘도 아니다.

703 제12조 마명존자 게송

숨거나 드러남이 곧 본래의 법이요 밝음 어두움은 둘이 아니다. 이제 깨쳐 마친 법을 부촉하노니 취할 것도 아니고 버릴 것도 아니다.

704 제13 가비마라 존자 게송

숨은 법도 아니고 드러난 법도 아니며 이것을 참된 실제라 하나니 이 숨음 드러남의 법을 깨치면 어리석은 것도 아니고 지혜로운 것도 아니다.

705 제14조 용수존자
숨거나 드러남의 법을 밝히기 위해 바야흐로 해탈의 도리를 설했나니 법에는 마음이 증득되지 않는지라. 성냄도 없고 기쁨도 없느니라.

706 제15조 가나제바 존자 게송
본래 법을 전할 사람에 대하여 그를 위해 해탈 도리를 설한 것이니 법에서는 실로 증득함이 없는지라. 마지막도 없고 시작도 없느니라.

707 제16조 나후라다 존자
법에 실로 증득함이 없는지라 취하지도 아니하고 여의지도 않나니 법은 있고 없는 모양이 아니거늘 안과 바깥이 어떻게 일어나랴.

708 제17조 승가난제 존자 게송
마음자리는 본래 생김이 없어 종자로 인하여 연

을 쫓아 일어난다. 연 종자는 서로가 방해하지 않으며 꽃과 열매 또한 그러하니라.

709 제18조 가야사다 존자 게송
종자가 있고 마음땅이 있어서 인과 연이 싹을 내나니 연에서 서로가 장애 하지 아니하여 생겨나지만 생기지 아니한다.

710 제19조 구마라다 존자 게송
성품에서는 본래 생김이 없지만 대경 위해 사람의 설명을 구하나니 법에서는 이미 얻음이 없거늘 어찌하여 결단과 결단하지 않음을 품으랴.

711 제20조 사야다 존자 게송
말끝에서 생김이 없음에 계합되면 법계의 성품과 같아지나니 만일 이렇게 이해할 수 있다면 현상과 본체를 통달하여 마친다.

712 제21조 바수반두 존자 게송
거품 환상은 같아서 장애가 없거늘 어떻게 깨쳐서 알지 않으랴. 법을 통달하면 그 안에 있어서 지금도 아니고 옛도 아니다.

713 제22조 마노라 존자 게송
마음은 온갖 경계 따라 굴리고 굴리는 곳 실로 그
윽 하나니 흐름을 따르면서 성품임을 인정하면
기쁨도 없고 근심도 없느니라.

714 제23조 학륵나 존자 게송
심성임을 인정하게 되는 때에는 불가사의라고 말
할 수 있나니 또렷또렷하면서도 얻는 바 없고 얻
는 때에는 안다고 말하지 않느니라.
- 하나의 법이 온갖 법이요 온갖 법은 하나의 법
으로 포섭한다 -

715 제24조 사자존자 게송
지견이라고 바로 말을 할 적에 지견은 모두가 마
음이니 그 마음이 곧 지견인 것이요 지견이 곧 지
금의 너이다.

716 제25조 바사사다 존자 게송
성인은 지견을 말하였지만 경계를 당하면 이것

아님 없다. 나는 이제 참된 성품 깨친지라 도도 없고 또한 진리도 없다.

717 제26조 불여밀다 존자 게송
참 성품은 마음자리에 간직해 있되 머리도 없고 또한 꼬리도 없나니 인연에 응하면서 중생을 교화하기에 방편으로 지혜라 부르느니라.

718 제27조 반야다라 존자 게송
마음자리는 모든 종자를 내되 현상으로 인하고 또 본체로 인하나니 결과차면 보리가 원만하여져서 꽃이 피고 세계가 생기느니라.

719 성품은 작용함에 있기에 작용한다면 눈앞 것이 모두 그것이지만 왕이 만일 작용하지 않는다면 눈에 있을 때는 본다 하고 귀에 있을 때는 듣는다 하며 코에 있을 때는 냄새를 알고 입에 있을 때는 말을 하고 손에 있을 때는 붙잡게 되고 다리에 있을 때는 걸으며 달린다. 두루 나타나면 다함께 법계를 감싸고 거두어들이면 작은 티끌에서도 벗어나지 못한다.

720 무릇 하는 일이 있어도 끝내 법계의 마음에서 벗어나지 아니한다. 왜냐하면 마음 자체가 바로 법계이기 때문이다.

721 만일 마음이 고요히 사라져서 생각이 동요할 곳이 하나도 없음을 알면 그것을 바른 깨달음이라 한다.

722 마음에 생각이 없으면 바로 불도에 통달한 것이니 한 물건도 보지 않음을 도를 본다하고 한 물건도 행하지 않음을 도를 행한다고 한다.
온갖 처소에서 처소가 없는 이것이 곧 법처소이니 짓는 곳은 짓는 곳이 없고 짓는 법이 없으면 곧 부처를 뵙는다. 기억과 분별이 없는 이것이 곧 법계의 성품이다.

723 마음은 작용하면서도 항상 공하기 때문에 있는 것도 아니고 공하면서도 항상 작용하기 때문에 없는 것도 아니다.

724 제28조 보리달마 대사 게송

악을 보고도 혐의치 않고 선을 보고도 부지런하지 않고 지혜를 버리고 어리석음에 가지도 않고 어리석음을 떠나 깨달음에 가지도 않는다.

725 동토 1조 보리달마 대사의 법을 이은 혜가 대사 사대를 떠나서 따로 법신이 있다고 하나 알고난 때에는 지금 오음의 이 마음이 바로 원만하고 청정한 열반이니 이 마음은 만행을 원만히 갖추어 있으므로 바로 대종이라 일컫는다.

726 마음이 생기면 갖가지 법이 생긴다. 삼계는 마음일 뿐이다.
도는 청정하여 모든 모양이 없나니 그대들은 청정하고 공한 마음을 관하지도 말라. 그 마음은 둘이 없고 가지거나 버릴만한 것도 없으며 가고 서고 앉고 눕는 것이 모두 하나의 곧장 마음이요 이것이 곧 정토이니 나의 말에 의지하는 이는 결정코 보리과를 얻을 것이다.

727 곧 마음 이것이 도이다. 왜냐하면 곧장 생각하고 곧장 작용하는 것이요 다시는 공이라고 관하지도

아니하며 방편을 구하지도 않기 때문이다. 곧장 보아도 보지 아니하고 곧장 생각해도 생각하지 아니한다.

728 심식의 성품을 환히 알면 자체가 항상 진리이니 반연할 바와 생각하는 곳이 불법 아님이 없다. 온갖 법은 마음일 뿐이요 상대가 없으며 곧 제성품의 해탈이다.

729 주체와 객체가 모두 없으면 곧 모든 모양이 항상 고요하다.

730 도를 닦는 사람에게 전하노니 공에서는 생기고 존재에선 안 생긴다. 만일 이 이치를 통달할 수 있으면 꼼짝 않고서도 깊은 구덩이에서 나오리라.

731 팔만사천 가지 법문의 지극한 이치가 마음에 있나니 번뇌 그것은 바로 보리요 깨끗한 꽃은 흙탕에서 난다.

732 삼계는 허망하여 이 한마음일 뿐이다.

733 먼저 모양 없음을 관하여 바깥대경의 모양을 버리고 나중에 생김 없음을 관하여 유식의 생각을 버리라.

734 선지식이 곧장 마음이라는 것을 가리키는데 지금 말을 하는 것이 너의 마음이니 거동하고 하는 일이 누구이겠느냐. 이것을 제외하면 따로 마음이 없다.
지금의 몸과 마음 그대로가 성품일 뿐이니 부처님도 없고 중생도 없으며 스승도 없고 제자도 없나니 마음이 공하고 삼계도 모두 공하다.

735 심성을 살피건데 잔잔하기 마치 허공과 같아서 본래 나지도 아니하고 없어지지도 않거늘 다만 마음이 일어나는 것만을 깨달아서 곧 안을 향하여 마음 근원을 돌이켜 비추어라. 근본도 없고 나는데도 없으며 나는 데가 없기 때문에 곧 고요하여져서 모양도 없고 함도 없다.

736 임종 시에 대중들에게 말하기를 그대들의 보고 듣고 알고 깨닫는 성품은 허공과 같다.

마치 금강과 같아서 파괴할 수 없지만 온갖 모든 법은 그림자와 같고 메아리와 같아서 진실한 것이 없다.
경에 이르되 이 하나의 일만이 진실이요 나머지들은 곧 진실이 아니다. 말을 마치자 곧 임종하시다.

737 본체의 마음이 현상과 하나라 현상마다 본체 아님이 없다. 현상마다 본체 아님이 없거늘 어찌 산란하면서 안정되지 않겠는가.
산란함마다 안정되지 않음이 없다면 안정됨과 산란함이 다함께 없어져서 현상마다 본체 아님이 없기 때문에 현상과 본체는 다함께 끊어진다.

738 경계가 성립되면 마음이 문득 있고 마음이 없으면 안 생긴다.

739 만일 헷갈리면 마음이 경계지어 마음과 경계는 제 멋대로 산란하며 경계를 깨치면 마음이 원래 청정하여 마음과 경계 본래가 청정함을 알리라.
마음을 알게 되면 경계 성품 없고 경계를 환히 알

면 마음에 형상 없다. 경계 비면 마음이 고요하고 마음으로 비추면 경계는 차디차다.

740 무릇 발심하여 도에 들고자 하면 먼저 자기의 본심을 알아야 하나니 마음이란 만법과 중생의 근본이요 삼세의 모든 부처님과 조사와 일체경전의 근본이다.

741 만일 자기마음을 알면 마음 밖에는 따로 부처가 없고 부처 밖에는 따로 마음이 없다. 또한 거동하고 하는 일이 다시 누구이겠는가.

742 큰 도는 공허하고 넓되 하나의 참마음일 뿐이다. 마음이 만일 나지 아니하면 어느 곳이나 해탈이니라.

743 마음의 본체는 마치 허공과 같아서 실로 모양이 없고 또한 방소도 없으며 또한 아주 없는 것도 아니고 이것은 있으면서도 보이지 않을 뿐이다.

744 이 법이 곧 마음이요 마음밖에 법이 없고 이 마음이 곧 법이요 법 밖에는 마음이 없다.

745 머무르는 바 없이 그 마음을 내라. 만일 머무르는 데가 없으면 시방세계가 이 한마음일 뿐이다.

746 깨치고 나면 깨치지 못했을 때와 같아지고 마음이 없어서 법이 없음을 얻나니 이것이 허망이 없고 범부와 성인의 평등한 마음일 뿐이니 본래의 마음법이 원래 스스로 갖추어진다.

747 지금 곧바로 깨쳐 알려고 하면 다만 사람과 법이 모두 없어지고 모두 끊어지고 모두 공할 뿐이다. 긴 허공에는 자취가 끊어졌거늘 무엇으로 그를 헤아리는가. 허공이 그러하거늘 도리한들 어찌 말로 하겠는가.
마음의 달은 외로이 둥글고 광명은 삼라만상을 머금되 광명이 경계를 비춘 것도 아니고 경계 또한 존재한 것 아니다.

748 한산자의 게송에 온갖 기를 모두가 자취 없어져야 비로소 본래의 사람을 보리라.

749 마음밖에 원래 하나의 법도 없고 마음일 뿐이다.

차별된 앞의 대경을 세움은 마치 허공 꽃이 일어났다. 소멸하는 것과 같고 마음의 체성에 들어간다면 아주 없는 데로 떨어지는 것이 아니고 체성으로부터 작용을 일으켜 두루함이 항하 모래만큼 많다.

750 모양이 없는 마음이나 움직이고 빛나서 소리에 응하고 빛깔에 응하며 방소에 따라 비춘다. 방소에 있기는 하나 방소에 있지 않고 찾으면 머리도 없고 꼬리도 없으면서 불꽃 광명 훨훨 이는데 어디서 일어날까.
다만 지금의 것 전혀 이는 마음이니 운용하되 자취 없고 자국 없구나. 마침내 부질없이 구하지 마라.

751 마음 알고 경계를 알라. 마음 알고 경계를 알면 선의 바다 고요하다. 만일 경계 환히 알면 마음 아는 것이니 만법은 다 환상의 성 그림자 같네.

752 도를 깨친 사람은 언제나 광명이 앞에 나타나거늘 무슨 밤과 낮이 있겠는가. 만일 보았을 때는

부딪치는 것마다 모두가 다 미묘하거늘.

753 그대들 각자의 몸속에 값으로 칠 수 없는 큰 보
    배가 있다. 눈으로는 빛을 내쏘아 산하대지를 비
    추고 귀로는 빛을 내쏘아 온갖 선악의 음성을 받
    아들이나니 여섯 가지 문에서 밤이나 낮이나 항
    상 광명을 내쏘므로 방광삼매라 한다.

754 안팎으로 찾아보아도 모두가 없다가 경계 위에서
    하는 일에는 모두 크게 있구나.

755 성품자리에선 심왕이 생기고 마음은 만법의 스승
    이 되나니 마음도 소멸하고 마음의 스승도 소멸
    해야 비로소 여여해 계합될 수 있다.

756 마지막에는 얻을 수 있는 법도 없고 닦을 수 있
    는 도도 없기 때문에 보리의 도는 자연이다.

757 도는 바로 중생의 체성이어서 세계가 있기 전에
    도 벌써 이 성품은 있었고 세계가 무너질 때에도
    이 성품은 소멸하지 않았으므로 흐름을 따르는

성품이라고 부르며 언제나 변하거나 달라짐이 없고 움직임과 고요함이 허공과 같은지라 세간의 모양으로 항상 머무른다.
고로 이 이름을 제일의공이라고도 하고 본제라고도 하고 심왕 진여해탈 보살열반이라고도 한다.

758 만일 한 티끌이나 한 법이라도 얻을 수 있는 것이 있으면 그대는 그와 함께 집착하고 앎을 내므로 모두가 하늘 악마거나 외도에 떨어진다.

759 만일 진실로 한 생각의 체성을 알면 곧 항하모래 만큼 많은 세계가 항상 자기 마음에서 나타나리니 한 생각이 헷갈린 탓으로 곧 경계의 지혜는 분리되어 나타난다.

760 마음이 허환하면 모두가 허환하고 마음이 공하면 모두가 공하다.

761 마음 이것은 만법의 근원이요 머무름이 없는 열반이다. 나에게 심단이라는 약이 있으니 번뇌의 화로 속에 해를 불리었다.

그 빛나는 광영은 대천에 두루하다.

762 보살은 모든 법이 자기 마음일 뿐임을 분명히 알기 때문에 안에서 그 마음에 머물러 온갖 종류의 취할 바의 경계는 모두가 아무것도 없는 줄 안다.

763 의지할 바 마음조차도 공이거니 능히 의지함의 법이 어찌 있겠는가.

764 허공으로부터 나오지도 아니하고 땅의 종자에서 생긴 것도 아니다. 다만 번뇌 속에서 보리를 증득하여 이룰 뿐이다.

765 무릇 천지와 우주 사이에 도를 가지고 도를 찾는가. 두루 모양에 감추어져 있다. 물건을 알며 신령하게 비추되 안팎이 텅 비었고 고요하여 보기 어렵다.

766 온갖 법은 평등하여 한맛이요 한모양이로되 모양이 없고 한 가지 광명이 마음자리의 광명이 된다.

767 허공은 온갖 것에 두루하면서도 허공은 분별이 없는 것처럼 자기 성품은 때가 없는 마음이라 역시 두루하여 분별이 없다.

768 온갖 마음의 모양은 본래가 근본이 없고 본래 근본의 처소가 없는지라 공하고 곧 공하고 고요함에 들어가 곧 마음의 공을 얻는다. 선남자여 모양이 없는 마음이라 마음도 없고 나도 없으며 온갖 법의 모양 또한 그와 같다.

769 온갖 것을 보지 아니하면 모든 법의 모양 또한 그와 같다. 한 법도 증득하지 않으면 모든 법을 증득하는 것이다.

770 만일 경계 이것이 마음인줄 깨치면 만 법은 별과 같고 한마음은 햇빛과 같으므로 마음광명이 두루 빛날 때에는 헤쳐 드러나게 할 수 있는 법이란 없다.

771 진여에 생각이 없다는 생각이란 곧 진여를 생각하는 것이요 실상에 생김이 없다는 생김이란 실

상을 내는 것이다. 머무름 없으면서도 머무르므로 항상 머무는 열반이요 행함이 없으면서 행하므로 도 아님이 없다.

여여하여 동요하지 않되 동요하는 작용은 끝이 없고 생각생각에 구함이 없되 항상 생각 없음을 구하며 작용하면서도 있지 아니한 그것이 곧 진공이요 공하면서도 없지 않으므로 곧 묘유이다. 묘유는 곧 마하반야요 진공은 청정열반이며 반야는 곧 마하반야요 진공은 청정열반이며 반야는 능히 생기나니 서천의 여러 조사들이 다함께 머무름이 없는 마음을 전하였고 똑같이 여래의 지견을 말씀하셨다.

772 심성은 도무지 의지한 데가 없고 본체 스스로가 원융하여 만법에 장애되지 아니한다. 비록 만법에 응해 나타날지라도 성품 스스로는 항상 참된 것이라. 머무름도 없고 의지함도 없어서 취하거나 버릴 수가 없다.

773 승천왕경에 이르되 청정한 심성은 번뇌는 모두가 근본이 되되 제 성품은 근본이 없으니 허망한 번

뇌는 모두가 삿된 생각의 뒤바뀜에서 생기나니 이 마음 이것이 가장 훌륭하고 청정한 첫째가는 이치요 모든 부처님 들이 증득하여 알아서 돌아가는 곳인줄 알아야 한다.

774 마음은 반연할 바가 아니니 모양 없음도 없기 때문이요 또한 능소가 아니라 하나니 상대가 끊어졌기 때문이며 본체는 물이 들 수 없나니 성품이 항상 고요하기 때문이요 합침도 아니고 흩어짐도 아니니 제 성품이 여의기 때문이며 연기를 장애하지 않나니 이름조차 공했기 때문이며 모든 법은 비고 고요하나니 인연이 서로 여의었기 때문이요 신령하게 비추되 다함이 없나니 작용이 그지없기 때문이며 또한 진실도 아니니 업의 성품이 요술같기 때문이며 또한 진실도 아니니 업의 성품이 요술같기 때문이요 취할 수도 없음은 마침내 공하기 때문이며 모든 법이 평등함은 한마음으로써 여하기 때문이요 경계와 지혜가 차별이 없음은 분별을 떠났기 때문이며 만법이 곧 공함은 성품에 생김이 없기 때문이요 온갖 분별은 자기 마음을 여의지도 아니했고 온갖 모든 경계는

이름과 모양을 여의지도 않는다. 만일 자기 마음을 알지 못하면 분별을 끊을 수 없다.

775 일승이란 곧 모양을 여읜 청정하고 생김이 없는 마음인 것이다.

776 알아야 한다. 마음은 근원이 되고 경계는 흐름이 되나니 본래 마음의 근원을 살피지 않으면 모든 법을 따라 구를 뿐이다. 뜻은 불과 같고 일은 끓는 물과 같으므로 자기 뜻자리를 제압하지 않는다면 경계를 쫓아 흐를 뿐이다. 이 모두는 근본을 잃고 근원에 헷갈려서 흐름을 따르고 끝을 쫓는 것이다.
만일 뜻자리를 단번에 밝혀 마음 근원을 곧장 알면 모든 대경에서 끝을 궁구하여 근본을 만나고 흐름을 찾아 근원을 얻는 것이라 할 것이다. 이한 마음이 드러나면 만법은 마치 거울과 같다.

777 첫째는 마음을 나는 것이니 말하는 그것이 마음이요 보는 것 듣는 것 깨닫는 것 아는 것이 마음이다. 이것을 첫째로 깨치면 낱낱 것을 능히 알

아서 이렇게 많은 마음도 이는 모두 한마음일 것이요 한마음은 온갖 처소에 두루할 것이다.

778 四대의 몸을 깨트리는 것이니 몸 이것은 곧 공이요 공은 곧 생김이 없는 것이므로 공에는 안팎 중간이 없고 온갖 모양을 여읜 것이다.

779 물건이 물건 아님을 알면 물건마다 성품이 공하고 마음이 마음 없음을 알면 마음마다 체성이 고요하다.

780 현상과 본체가 원융하다.

781 온갖 것은 다 마음에서 변한 바다.

782 마음이 일어나지 않으면 바깥경계는 본래가 공이다. 유식에 의지하기 때문에 경계는 본래 자체가 없나니 진공의 이치가 성립되기 때문이다.
대경이란 없는 것이기 때문에 본식도 곧 생기지 않나니 이 때문에 마음으로 말미암아 경계를 나타내고 경계로 말미암아 마음을 드러내는 줄 알 것이다.

783 삼계가 마음일 뿐이요 법계가 한 모양이다.
만상이 비록 많기는 하나 반드시 한 마음의 변화로
일어난다. 고로 마음을 여읜 그밖에는 법이 없다.

784 마음이 공하고 고요함을 알면 공하고 고요한 법
문에 들어가고 마음에 속박 없음을 알면 해탈 법
문에 들어가며 마음에 모양 없음을 알면 곧 모양
없음의 법문에 들어가고 마음에 마음 없음을 깨
달으면 곧 진여의 법문에 들어간다.

785 진여는 참되고 청정하고 밝고 묘하며 비고 사무치
고 신령하게 통하여 우뚝하면서도 홀로 존재한다.

786 사리불아 여래가 설한 모든 법은 생김도 없고 소
멸도 없고 모양도 없고 함이 없는 것인데 사람들
로 하여금 믿고 알게 한다면 희유하기 이를 데
없다 하노라.

787 마음에 마음이 없음을 깨치면 그것이 도니라.

788 생각을 여의고 진여에 돌아가기 위한 것이니라.

789 말에 즉해서 말이 없고 생각에 즉해서 생각이 없게 되면 말과 말에서 도에 계합되고 생각과 생각에서 도에 계합된다.

790 유정의 세계와 법계는 그 차별이 없으며 유정의 세계와 법계는 늘거나 줄거나 얻거나 있음이 아니니 이와 같이 수순하여 깨달으면 곧 보리라 하느니라. 까닭에 불법은 줄음과 늘음이 있다고 시설할 수 없느니라.
선용맹아 늘고 줄음이 있는 성품을 어떤 이가 여실히 분별하지 않게 되면 그는 여실히 보았다 하거니와 여기에 위하고 버릴 것이 있지 않나니 이와 같이 수순하여 깨달으면 보리라 하느니라.
곧 부처의 모습은 제 성품이 여의었기 때문이니라. 이렇게 깨달으면 보리라 하느니라.

791 만약 모든 상이 상이 아닌줄 알면 곧 여래를 보리라.

792 장폐 마왕이 권속을 거느리고 천년동안 금강제 보살을 뒤따랐으나 기거하는 곳을 찾지 못하였었

는데 어느 날 홀연히 만나서 묻되 그대는 어디에 계셨는가.

내가 천년 동안 그대가 기거하는 곳을 찾았으나 찾지 못했소. 이에 보살이 나는 머무를 곳 있음에 의지하여 머무르지 않았고 머무를 곳 없음에 의지하여 머무르지 않았나니 이렇게 머물렀소이다.

793 법이란 본래의 법은 법도 없고 법 아닌 것도 없으니 어찌 한 법 가운데서 법과 법 아닌 것이 있으랴.

794 똑똑히 보면 한 물건도 없으니 사람도 없고 부처도 없다. 대천세계가 바다 속의 거품이요 일체 성현들이 번개 빛이라.

795 마음이 만 경계를 따라 움직이나 움직이는 곳마다 모두가 그윽하니 그윽한 흐름따라 성품을 깨달으면 기쁨도 근심도 모두 없으리.

용담(법륜)스님의 저서

• 『대반야경』　　　　　　　　　　　　도서출판 중도

• 『놓아라 즉시 도를 깨닫는다 』　　　도서출판 중도

대장경의 요지 쾌활한 인생철학

초판인쇄 2020년 5월 20일
초판발행 2020년 5월 30일

편 저   용담(법륜)
발 간   동천사
주 소   경북 상주시 화북면 용유리 262-1(용유 1길 28-9)
전 화   054-533-6395

발 행   도서출판 중도(신원식)
주 소   서울시 종로구 삼봉로81 두산위브 파빌리온 431호
전 화   (02) 2278-2240
등 록   2007. 2. 7. 제2-4556호

정가 : 10,000원

ISBN 979-11-85175-39-3

이 도서의 국립중앙도서관 출판예정도서목록(CIP)은 서지정보유통지원
시스템 홈페이지(http://seoji.nl.go.kr)와 국가자료종합목록 구축시스
템(http://kolis-net.nl.go.kr)에서 이용하실 수 있습니다. (CIP제어번호
: CIP2020020319)